顶级

跑车·摩托车

哈尔滨出版社
HARBIN PUBLISHING HOUSE

享受奢华景色，聆听传世风情

汽车影响了人类历史，改变了世界，而跑车则诠释着汽车工艺最令人疯狂、令人着迷的一种升华。它们代表的是速度、美感与激情，证明着人类不断超越自我的勇气。顶级跑车堪称跑车王国中高贵神圣的族群。非同寻常的灵性，超乎想象的奢华——它们流淌纯正显赫的血统，彰显尊贵无比的气派，闪烁极速飞翔的光辉。法拉利可谓世人眼中的跑车至尊，它那款售价177万美元的FXX全球限量生产29辆，只有法拉利的顶级客户，比如车王舒马赫，才有资格坐上其尊贵的座椅；很多人都想尝试一下布加迪威龙，最大功率1001匹马力，极速407公里/小时，百公里加速2.9秒——它是有史以来最完美强劲的跑车；从150个工人每星期只生产10辆跑车的英国摩根，到应用双涡轮增压技术，位列“世界上最昂贵的十款汽车”排行榜之首的美国萨林S7；从在007系列影片中大出风头而一举成为有钱人的专利的阿斯顿·马丁，到百年间赢得23000多次竞赛胜利，推出3000多种高品质车型的保时捷……尽管享用这些“极品中的极品”的，只能是少数“贵族中的贵族”，然而这并不妨碍它们成为经典，迷倒众生，它们验证着一个类似于魔咒的句子：存在就是美好！

如果说顶级跑车象征着拥有者的非凡品位与尊贵身份，那么摩托车的两个轮子承载的则是一种更为简单快乐的生活方式，一种无比温馨浪漫的生命情怀。从1885年德国戴姆勒制造出第一辆摩托车至今，世界上诞生了2500多个摩托车品牌，而这其中只有少数成为珍品，能够达到最佳的性能、最高的品质与极限的速度，有资格接受世人的仰望与朝拜。如果这样形容一辆摩托车："排气量相当于 5 辆本田金翼大型旅行车，售价相当于 3 辆奔驰 S600 豪华轿车，理论极速达到 640 公里／小时，相当于小型飞机！"你能否脱口而出"道奇战斧"这个名字？如果一团"红色烈焰"从你身边呼啸而过，旁观者对你细数它 12 次夺冠世界超级摩托车锦标赛的光辉历程，你能否猜到那就是被世人誉为"摩托车界的法拉利"的杜卡迪？你更无法对诞生于千禧年的 Y2K 超级涡轮摩托车无动于衷，因为它采用了与贝尔直升机相同的喷射引擎，至今全球只有 10 辆这样的科技精品，每辆单价达到18.5万美元。

跑车与摩托车为生活开拓出更广阔的天地，令迷失于繁华都市的人们可以迈出骄傲的、快乐的步伐，其意义早已超出交通工具的范畴，而那些顶级跑车和摩托车，则拥有更加丰富的内涵。在收藏家眼里，它们是完美无瑕的艺术品；在专业车手眼里，它们是出生入死的伙伴、雷霆万钧的战骑；在社会的名流显贵眼里，它们是彰显身份与地位的徽章；在普通人眼里，它们点缀了人生热血沸腾的梦想。也许它们不是你最需要的，但一定是你最想拥有的！这些传世经典在时光与岁月的流逝中，不断焕发出光彩，成为愈加清晰的奢华印记，在人们心中占据一方神圣的领地。

法拉利、兰博基尼、哈雷戴维森、本田、世爵、阿斯顿·马丁、科尼赛格、道奇战斧、保时捷……每当看到听到或是想到这些名字，你会不会出于敬畏而心跳加速？会不会因为憧憬而心驰神往？《顶级—跑车·摩托车》一书对这些顶级品牌作出新角度、全方位的诠释，它们之中有传统工艺的继承者、时尚与潮流的引领者、尖端科技的实践者，而相同之处则无一例外是对品质的坚守，对人性化设计的把握，以及昂贵、稀少、精致的特性。这些顶级跑车与摩托车，是人类历史上的奇迹，是不容忽视的经典，让我们享受奢华景色，聆听传世风情。

目录

CONTENTS

002 法拉利 Ferrari

014 兰博基尼 LAMBORGHINI

作为挑战法拉利而来到人间的复仇使者，兰博基尼跑车一直是车坛追逐与猎奇的焦点。它具有强烈的雕塑感，每个线条和棱角都显示着不羁的野性。强大的功率、标志性的蛤壳式车罩、绚烂的色彩……兰博基尼像一个“天外来客”，令爱车人心醉神迷。

028 保时捷 PORSCHE

世界上能够超越人们期望的事物实在不多，而不断地超越则更为难能可贵，保时捷便是其中之一。它代表着纯种跑车的高贵气质，它几乎是为速度而生。保时捷说，只需开动引擎，你对人类的信心就会完全恢复。

040 宾利 BENTLEY

052 宝马 BMW

064 梅赛德斯-奔驰 Mercedes-Benz

076 世爵 SPYKER

从皇家马车制造商到超级跑车生产商，这个拥有“欧陆的劳斯莱斯”美誉的顶级跑车品牌，执著于手工打造独一无二的经典，年产量50辆足以满足任何人对唯我独尊的追求。

088 布加迪 BUGATTI

102 摩根 MORGAN

114 阿斯顿·马丁 ASTON MARTIN

126 莲花 LOTUS

莲花在世界跑车界占据着不可动摇的显赫地位，它无意争峰自成峰。莲花实现了跑车迷的所有梦想，梦幻般的车身和跨越时代的设计，默默陈述着其传奇历史。

136 捷豹 JAGUAR

捷豹跑车是一个奇特的混合体，它不仅有美洲豹一般惊人的速度与爆发力，周身还流露着典雅知性的英伦贵族情怀。“捷豹”这个名字就是对运动性、灵活操纵性以及舒适性的完美承诺。

152 玛莎拉蒂 MASERATI

166 萨林 S7 SALEEN

萨林S7跑车以近70万美元（欧洲市场）的天价，荣登《福布斯》杂志2005年“世界上最昂贵的十款汽车”排行榜之首。极速超过400公里/小时，最大功率750马力，S7曾被称为是“一头双涡轮增压发动机推动的怪兽”，不过这个华美前卫的“怪兽”却代表了美国本土超级豪华跑车的最高品质。

178 帕格尼 PAGANI

每一辆交付客户的帕格尼皆具有超强的动力性能以及手工制作的尊贵品质，这使得帕格尼跑车的身价愈发不凡。如果你想做驭风之人，那么帕格尼就是风。

190 科尼赛格 KOENIGSEGG

200 哈雷戴维森 HARLEY-DAVIDSON

美国的整个20世纪下半叶被戏称为“不折不扣的哈雷时代”，哈雷摩托浓缩了激情与狂热的个性，登峰造极地幻化出一种象征、一种文化、一个美国式的传奇，它是“自由的钢铁、滚动的风景”，是车迷心中的图腾。

210 宝马摩托 BMW

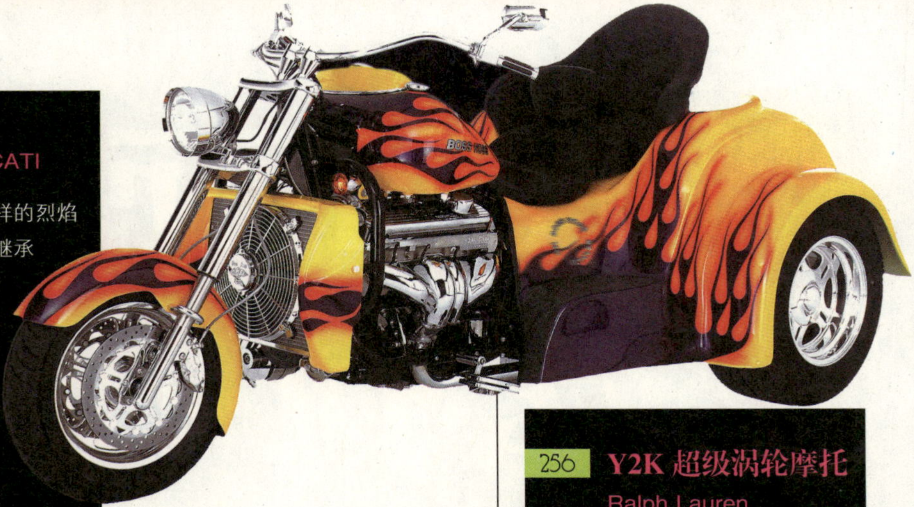

222 杜卡迪 DUCATI

与法拉利一样的烈焰般的身影、完美继承着顶级的机车工艺，敢与本田一决高下的豪情，这些语言描述的是杜卡迪摩托，来自意大利的传世经典。

232 本田 HONDA

在摩托车王国里，本田摩托曲高而不和寡，惊艳而不拒人于千里之外，它秉承了日本传统的造车工艺：精炼、恒久、巨细无遗。它不是很狂野但动力十足，不是很张扬但气宇非凡，不是很奢华但品位不俗，不是很前卫但充满科技的力量。

240 雅马哈 YAMAHA

雅马哈摩托车洋溢着令人无法抗拒的艺术之美，然而它追求的不仅是行驶的速度与奢华的外表，在一款款名作迅速流行、带给车迷无限憧憬之时，驾驶雅马哈摩托就成为追求高品质生活的某种宣言。

248 博思浩斯 Boss Hoss

256 Y2K 超级涡轮摩托 Ralph Lauren

诞生于千禧年的Y2K，诠释了人类追求速度的最肆无忌惮的野心，创造了无与伦比的激情。全球仅有 10 辆，售价 18.5 万美元，吉尼斯世界纪录称其为世界上动力最强劲的、最昂贵的生产型摩托车。

262 道奇战斧 Dodge Tomahawk

268 Can-Am Spyder

Ferrari
法拉利
纵横天地的红色战马

法拉利跑车是车族中的稀世珍品，被称为“红魔”的它似乎是最奢侈的梦想，法拉利霸道地证明着工业化和后工业化都没有抹煞的艺术品位，在名车名款应接不暇的时候，法拉利依然保持着高贵独特的个性，打造其所引领的跑车神话。

创始人
恩佐·法拉利
创始时间
1929 年
创始地
意大利·摩德纳

法拉利 Enzo

意大利有两样东西让人眼睛发亮、心跳加速，一个是足球，另一个就是法拉利。在爱车人眼中，仅有 17 万人口的意大利小城摩德纳应该被称作“红色天堂”，因为它是法拉利跑车的诞生地。作为纯手工打造的跑车，法拉利最吸引人之处就是细节上流露着的意大利味道，它们体现着独特的气质，带着体温和生命力征服了世界。

世界上的跑车制造商多如牛毛，而能与法拉利相提并论的寥寥无几，因为法拉利已经超越了交通工具的范畴，成为艺术杰作，高贵得没有几个人能够拥有得起，但所有人都对它渴望不已。创始人恩佐·法拉利被称为“赛车之父”，他设计的 F1 型赛车在世界性大赛上共获得了 100 多次胜利，至今尚没有哪一种赛车能够打破这项纪录。就是凭借这样的实力，法拉利在赛车史上赢得了无数辉煌的战绩，包括九次 F1 世界冠军和九次利曼桂冠！

法拉利一直致力于对终极性能概念的完整表达，它将世界上最先进的 F1 赛车技术理念贯穿于公路量产车的开发始终，这也正是后来 F40、F50 引以为豪的资本。而 2002 年的“恩佐”（Enzo）则将法拉利对于速度的激情演绎到极致：656 马力的最大功率，350 公里的最高时速，百公里加速仅需 3.6 秒！“恩佐”全球限量生产 399

辆，售价 67 万美元，位列当年世界最贵的十大名车之首。

然而，“恩佐”远非法拉利的终极之作，几乎涉及专业赛车能够提供的一切顶级技术的 FXX，以绝美的身姿和超凡的性能吸引了无数艳羡的目光——极速 350 公里 / 小时、百公里加速少于 3 秒、全球量产 29 辆、售价 177 万美元……如果说法拉利是每个人的梦想，那么这梦想中一定带有景仰的意味，它是永不消散的彩虹、永不落幕的传奇。

意大利素有“高性能汽车王国”之称，作为菲亚特公司的王牌，法拉利跑车无疑是王冠上那颗最美的钻石，是世界上最著名的赛车和运动跑车生产厂家，创始人恩佐·法拉利更被誉为“赛车之父”与“划时代的汽车设计大师”。

恩佐·法拉利于 1898 年 2 月 18 日出生在意大利摩德纳城一个小钣金工厂主的家中，他的父亲成立了一个引擎维修工厂，这也是法拉利接触到最基本的汽车工艺的地方。1918 年第一次世界大战结束，法拉利在一家汽车公司担任测试员，这家汽车公司主要工作是将蓝旗亚货车改装成客用轿车。随后，他又到米兰国家机器制造公司 CMN 从事赛车手兼试车手的工作。1919 年，法拉利第一次参加汽车比赛，表现出色，被意大利阿尔法·罗密欧公司吸收为车队车手。在惊险刺激的比赛中，法拉利屡战屡胜，被队友们誉为赛车队的“骑士”。1920 年，22 岁的法拉利凭着智慧和努力，开始为阿尔法·罗密欧汽车公司设计跑车。不久，由他领导的法拉利跑车设计小组便扬名汽车制造业。

法拉利于 1929 年 11 月在摩德纳建立了第一家公司 Scuderia Ferrari 来

1986 年 6 月 6 日，法拉利车厂张灯结彩，人们正在为当时全世界上最快的两种量产跑车之一的 F40 超级跑车举行命名典礼。这款拥有 480 马力，极速高达 324 公里 / 小时的 F40 果然不负众望，除在当年的国际车展上大放异彩外，更勇夺利曼大赛的冠军，再一次展现了法拉利“高性能、少量生产”的造车理念。

法拉利 Fiorano

管理赛车活动，但并不制造汽车。1938 年，年近 40 的法拉利离开赛车跑道，结束了与阿尔法·罗密欧车厂的宾主关系，专注于自己设计制造超级跑车的梦想，并在 1940 年成立了 Auto Avio Costruzioni 公司，制造出他的第一辆汽车，1989 年，公司启用现在的名称。1947 年法拉利建立起汽车制造厂，并开始以自己的名字命名生产出来的跑车。从此，“法拉利”这个姓氏就再也无法同惊心动魄的汽车赛事分开了。

在 20 世纪 40 年代与 60 年代的两次财务危机中没皱一下眉头的法拉利，于1969 年经历了生命中最沉重的一次打击，他的独子迪诺出赛意外死亡。法拉利在痛定思痛之余，从此改弦易辙，大量生产可以在公路上行驶的跑车。并将以后生产的六缸引擎车款皆冠以“迪诺”的名称，来铭记原本承继父业潜心开发新式六缸引擎的爱子，而这分永恒的哀痛，也凝铸成

一系列知名的公路用跑车，更由于产量稀少，这些跑车如今都已成车坛瑰宝。

1988 年 8 月，法拉利在摩德纳的家中去世，享年 90 岁。法拉利去世后，他的义子，也是法拉利车厂副总裁的皮耶洛，以“法拉利意象”为主题，系统地披露了法拉利车厂的各项秘密档案，同时陈列 9 辆法拉利经典名车，其中包括 1949 年完全由手工打造的巴尔基塔。

对于法拉利的逝世，意大利总理曾经深情地说：“我们失去的是一位能够象征意大利年轻蓬勃、富于冒险、不屈不饶以及在技术领域锐意进取的楷模型人物。”

法拉利 Aurea GT

法拉利 FXX 参数

整备质量：1155kg

发动机：V12

排气量：6262cc

最大功率：800bhp／8500rpm

最大扭矩：700／5750N·m／rpm

传动形式：中置后驱，6 速 F1 半自动

悬挂（前／后）：双叉臂／双叉臂 横置弹簧及主动式减震器

悬挂（前／后）：双叉臂／双叉臂 横置弹簧及主动式减震器

0~100km／h 加速用时：s≤3.0

最高时速：350km／h

顶级

镇牌之宝

法拉利 FXX

历史上性能最强的法拉利跑车，有个神秘的名字 FXX，F 无疑是源于方程式赛车，而 XX 则代表了无尽的可能——历史上马力最大、速度最快、科技最先进的法拉利跑车！

FXX 的外形很容易让人联想到 Enzo，事实上它的确脱胎于后者，不过 FXX 应了中国的一句老话——“青出于蓝而胜于蓝”。Enzo 已经是当今量产车的翘楚，堪称街车中的 F1，那么究竟还有多少人能拥有比它更快更强的 FXX 呢？答案是 29 人。FXX 限产 29 辆，售价 177 万美元。即使你拥有足够的钱，你也很难买到这款限量车，只有法拉利的顶级客户才有资格坐上其尊贵的驾驶座椅，比如车王迈克尔·舒马赫等，法拉利车厂人员会向他们单独询问是否有购买 FXX 的意向，而用户的购买申请将接受内部特别委员会的评估。

FXX 的发动机与空气动力系统几乎涉及专业赛车和 F1 赛车所能提供的一切顶级技术，它采用强大的 6262cc V12 引擎，能以 8500 转 / 分的转速达到 800 马力的功率，极速 350 公里 / 小时，0－100 公里 / 小时加速少于 3 秒。它的齿轮箱来源于 F1 赛车的设计方案，换挡时间不到 100 毫秒，几乎和 F1 单座赛车一样快。设计严谨的驾驶室、桶型座椅、多功能方向盘、数字式多功能仪表和碳纤维材质，带来实实在在的赛车感觉。车顶的监视器可以使驾驶者观察到车后的情况，掀顶式车门内嵌有防滚架。FXX 的油箱盖令人联想到 F1 赛车，其烧油速度和行驶速度一样惊人。

法拉利在 FXX 上加入了未来跑车所有的科技元素，将它打造成真正的跑车之王！它存在的意义在于验证创新的技术，探索未知的速度境界，证明法拉利的辉煌。

法拉利汽车公司制造的跑车，赢得过5000场以上的赛事，其中包括九次F1世界冠军、九次利曼桂冠。恩佐·法拉利曾经说，他最中意的赛车是他还没有造出来的赛车，他最大的成功是他还没有达到的成功。

第一辆以法拉利名字命名的125S跑车诞生于1947年，它那90匹马力的发动机比车身更加引人注目。在仅一年时间的里，125型车连胜7场比赛，标有黑马的法拉利赛车在赛场上站住了脚。1948年都灵车展上，法拉利公司展示了最新型166车。在设计师卡罗齐亚的天才创意下，诞生了两款惊世之作：两座的巴尔凯塔跑车和四座的贝利内塔小轿车。同其他汽车公司一样，法拉利善于利用赛场上的辉煌来推销它的运动型跑车，这些车由于在外观和性能上与赛车相距不远，因而大受欢迎。新颖的车身造型，略小的发动机足以满足职业和业余车手的需求，既能在公路上开，又可奔驰于赛道，略作改装，甚至可以参加二级方程式比赛。

20世纪60年代，法拉利因参加各种汽车比赛而债台高筑，多亏意大利的菲亚特集团伸出援助之手。菲亚特在1960年购买了法拉利汽车公司40%的股份，帮助其解决了财务危机。

法拉利 P4/5

菲亚特一直支持法拉利这匹主宰赛道的“烈马”任意飞驰，发展成熟车款，继续采撷各项大赛的荣誉冠冕。如今，法拉利跑车已经成为奢华、事业成功以及极致运动精神的象征。公司信守法拉利先生当年定下的“日产17辆新车”的规矩，即使供不应求也绝不增产，维系着法拉利强调“技术和艺术均衡”的造车哲学，也让这匹主宰赛道的红鬃烈马，在车迷的脑海间描绘出动人的传奇。

诞生于1987年的法拉利F40最高时速320公里/小时，是当年世界上速度最快的跑车，拥有最完美的性能。18年后，兰博基尼蝙蝠和奔驰SLR的加速和转弯能力仍比不上F40。

在世界车坛，“法拉利”这个名称意味着“梦幻般的速度”。一位汽车评论家说：“任何跑车都无法和法拉利相比。”法拉利跑车与赛车的最大特点是马力大，每辆跑车都装有一部赛车发动机，最高转速可达7000至10000转，功率超过500马力，最高车速可达每小时300多公里。

法拉利早期设计制造的GTO车系，始终洋溢着法拉利的英雄本色，几乎主宰了世界各地所有的赛道，而诞生于1957年的250 GTO更是一款在公路与赛道上均表现出色的好车。法拉利车系有4缸、6缸及8缸等各种车款，其中V型12缸引擎车款最能诠释出法拉利的速度与精神。这款采用全铝质每汽缸4气门的强劲引擎散发着动人的银白色光芒，令人肃然起敬。以发动机排量做为车款代号的做法，也是法拉利车系独步车坛的绝招。例如早期的

伴随着线条动人、马力惊人的法拉利赛车转战各地的“跃马”车徽，也有一段感人的故事。在第一次世界大战中，意大利有一位表现非常出色的飞行员，他的飞机上就有这样一匹会给他带来好运的跃马。飞行员的父母看到法拉利赛车所向无敌的神采，就建议在法拉利车上印上能带来好运的“跃马”标志。后来这位飞行员牺牲了，马就变成了黑颜色，而标志底色为法拉利公司所在地摩德纳的金丝雀的颜色。

法拉利公司目前是意大利菲亚特集团的轿车生产公司之一，菲亚特占有法拉利50%的股权。由于法拉利汽车大部分采用手工制造，产量很低，一般年产量只有4000辆左右，因此售价高昂，而拥有法拉利汽车自然成了财富和地位的象征。

215、250、275 等车款，只要以其代号乘以汽缸数，就可以知道引擎的排气量是多少。

1987 年，法拉利 F40 闪亮面世，其中 F 是 Ferrari（法拉利）的首字母，40 意味着以法拉利姓氏命名的跑车诞生 40 周年，它是创始人恩佐·法拉利的最后杰作。当年，F40 是世界上速度最快的跑车，采用 2.9 升 V8 涡轮冲压发动机，能在 4 秒钟内从 0 加速到 100 公里 / 小时，最高时速 320 公里。它完美的造型、惊人的速度和超强的转弯能力让人无法抗拒。赛车型的 F40 GTE 和 F40 LM 曾经在许多比赛中获得冠军，18 年后，兰博基尼蝙蝠和奔驰 SLR 的加速和转弯能力仍比不上 F40。后来的 F50 和 Enzo（恩佐）虽然比 F40 快，但在法拉利车迷的心中，F40 的地位永远是最高的。

法拉利将艺术级的工程技术运用到量产车上，以获得最佳的性能，它的每一款车型都刺激着人们的神经。GTO、F40、F50、Enzo（恩佐），这些符号与数字不仅代表了高性能，也代表它们“限量生产”与“手工打造”的尊贵身份。

即使不懂车的人，也知道法拉利很名贵。一直乘坐菲亚特 131 上下班的法拉利先生也认同这个事实。法拉利 F1 车队的名车手尼奇·劳达曾有机会与法拉利对话，劳达问他为什么不开自己生产的法拉利，得到的回答是：

"你知道售价多贵吗?"为 1997 年品牌 50 周年庆而推出的 F50 售价 50 万美元，全球限量生产 349 辆，2002 年的时候 F50 的价格涨到了每辆 65 万美元。之后的几年内，法拉利全球限量生产 399 辆的 Enzo 问世，售价 67 万美元。如今，法拉利的新款 FXX 报价 177 万美元，全球限量生产 29 辆。

并不仅仅是富人才喜爱法拉利，法拉利拥有无数忠实的车迷，还受到收藏家们的青睐。法拉利汽车主要以红色为主，所以有人称它为红色跃马或红魔法拉利。法拉利迄今为止仍保持着"原始"的汽车制造方式——工人们用最古老、最有尊严的方式，操持着手锤和扁铲修整车身，手工焊接框架，用钢尺测量车门装配环节上的连接部位，用钢勺舀着钢水浇进模具制造微小的部件，这有点像贵族们享用咖啡，一定要听到咖啡豆爆裂的声音。

性感、惊艳、速度、活力、奢华、钢铁元素、原始手工、红色火焰般的热情……法拉利那刚劲的经典"红头"造型，淋漓尽致地散发出运动之美，也代表了意大利杰出的造车工艺与成就。拥有一辆法拉利不仅是富有的标志，更是地位的象征，要知道有钱也不一定能买到法拉利。恩佐·法拉利在世时亲自敲定车子的买主。通常社会名流、知名企业家、皇室成员才会在他的考虑范围内。这些人开着法拉利去参加各种社交活动，无形中就会提高公司的知名度，所以法拉利公司的订单永远源源不断。

爱车如命的法拉利将自己制造的跑车视为"会呼吸的艺术品"，对于美国要求进口车必须经过撞击测验这件事，他说："用艺术品来撞击，真野蛮!"所以像 Testarossa 这些名贵的法拉利跑车，销往美国的时间都较欧洲晚些。

兰博基尼

掀起速度风暴的蓝血贵族

创始人

佛瑞肯·兰博基尼

创始时间

1963 年

创始地

意大利·摩德纳

作为挑战法拉利而来到人间的复仇使者，兰博基尼跑车一直是车坛追逐与猎奇的焦点。它具有强烈的雕塑感，每个线条和棱角都显示着不羁的野性。强大的功率、标志性的蛤壳式车罩、绚烂的色彩……兰博基尼像一个“天外来客”，令爱车人心醉神迷。

兰博基尼的标志是一头浑身充满力量、正准备冲击的公牛。这个标志体现了创始人兰博基尼不甘示弱的性格，同时寓意兰博基尼生产的车马力大、速度快、战无不胜。这只具有意大利血统的公牛所代表的豪华跑车，在欧美的名气绝不逊色于法拉利的那匹骏马。

世界上最漂亮的车是什么车？也许不同的人有不同的答案，但要说起兰博基尼，没有人会不举起大拇指，因为谁都知道，它是车界极品。兰博基尼的动力令人惊叹，甚至被冠以“难以征服的公牛”的称号。它太狂野了，不仅路人为之折服，连它的主人都不知道怎样才能让它听话。兰博基尼很多车款都是限量版，比起法拉利来，它加入了更多的手工元素。它代表着一个词，那就是“贵族中的贵族”。可以说，买到兰博基尼的都是贵族中的贵族，谁让它是极品中的极品呢。

在意大利乃至全世界，兰博基尼都是诡异的，它出人意料地推出一款

款令人咋舌的超级跑车，扩张与攻击在最初的一刻就已凝聚于血脉。令人难忘的穆拉(Miura)凶猛无敌，使车坛刮起真正的“兰博基尼速度风暴”；1968年的埃斯巴达荣登当年“世界最快跑车”的宝座；康塔什系列历久弥新，成为收藏家们的至宝；鬼怪GT曾经是世界量产车中最快的，极速甚至达到了345公里/小时，美国、日本的订单始终没有得到批准，因为只有欧洲的公路才能承受它行驶时带来的震撼！到了2002年，兰博基尼以中世纪一头连战数场不死的斗牛的名字为自己新一代旗舰车型命名，这就是傲视寰宇的“蝙蝠”。这辆时速超过330公里的猛兽继承了兰博基尼冷峻激昂的个性，引起全世界无数车迷的兴趣。为了争夺“天下第一跑车”的称号，兰博基尼与法拉利角逐了40年。兰博基尼是难得的艺术品，意大利最具声望的设计大师们为其倾注了一生心血，使其每一个棱角、每一道线条都完美无瑕，每一款杰作都称得上是车史的里程碑。

兰博基尼 Murciélago

佛瑞肯·兰博基尼——兰博基尼超级跑车帝国的缔造者，神秘莫测的车坛巨子，最令人捉摸不透的怪才。他不断制造轰动与奇迹，一步步超越现实的界限，成为意大利跑车制造领域的一张王牌。

1998 年，兰博基尼加入大众汽车集团。一个是从不屈服的跑车制造商，连带一群满怀激情的意大利人；一个是世界汽车制造业巨头，背后是一群骄傲的德国人。由此可见融合并非易事，而结果却大大出乎人们的意料：一个彻底改型和复兴的兰博基尼重新出现在世界车坛上，并于 2003 年推出新车型“蝙蝠（Murciélago）”与“小蛮牛（Gallardo）”。

对所有兰博基尼车迷来说，1916 年 4 月 28 日是个值得纪念的日子，因为创始人佛瑞肯·兰博基尼就在这天出生于意大利北部重镇波洛尼亚附近的费拉拉市。兰博基尼从小就立志成为一名机械师。加入意大利空军之前，他先进入波洛尼亚机械学院学习，并在那里受到了最正规严酷的培训。

二战后期，兰博基尼被盟军俘获，获释后回到家乡费拉拉，从事改装军用车为农用车的工作。1948 年兰博基尼购买了农用车加工车间用来生产拖拉机，满足了战后意大利农民对拖拉机的迫切需要，他也因此聚敛了大笔财富，可以纵情购买心爱的法拉利。兰博基尼将法拉利“快意 500cc”跑车改装后参加了著名的米勒米格莱越野赛。虽然由于机械原因兰博基尼中途退出，但旁观者显然已经对兰博基尼产生了极大的兴趣，赛后邀请他帮助改进法拉利快意的信件如雪片般飞来。

凭借野心与过人的胆识，于 1959 年进入空调和暖气生产领域的兰博基尼，在掀起了一次优化售后服务的浪潮后打算建立一家飞机公司。要不是

兰博基尼 Gallardo

意大利政府拒绝为其颁发直升机的生产许可证的话，现在的兰博基尼很可能不是陆上驰骋的公牛，而是翱翔天宇的雄鹰。

后来，兰博基尼的法拉利 250 出了故障，他心急如焚地到法拉利公司的服务部投诉变速箱问题，结果却遭冷遇而归。气愤的兰博基尼又亲自拜访了恩佐·法拉利，而恩佐却冷淡地回答说：“我想用不着一个农耕机制造者来告诉我如何造车吧！”生性孤傲的兰博基尼被自己敬重的人如此嘲弄又怎肯善罢甘休，他变卖了视若珍宝的四辆法拉利，一场延续数十载、震撼世界车坛的“速度之战”就此上演。兰博基尼将自己的帝国建立在距离法拉利之都摩德纳仅 15 公里的萨特·奥格塔·伯罗赫瑟，从“兰博基尼跑车制造股份有限公司”开业伊始，他就确立了唯一的宗旨——誓与法拉利一决雌雄。

为了能让世界最顶级的跑车以自己的名字命名，兰博基尼不惜倾家荡产。新帝国创建之初，他从法拉利和玛莎拉蒂笼络大批设计人才组建他的团队。加盟者中包括著名的乔托贝萨里尼，他在 20 世纪意大利车坛的影响力甚至高于恩佐和兰博基尼。多年后恩佐·法拉利对放走乔托贝萨里尼追悔莫及。乔托贝萨里尼设计的 3.5 升 360 马力的 V12 发动机成为兰博基尼挑战法拉利的重要筹码。

兰博基尼 Reventón 参数

发动机：V12

排气量：6.5L

最大功率：650 匹马力

最大扭矩：660N·m

0～100km／h 加速时间：3.4 秒

最高时速：340km／h

车门数：2

座位数：2

顶级

镇牌之宝

兰博基尼 Reventón

在 2007 法兰克福车展上，兰博基尼展出了最新 2008 款兰博基尼 Reventón 跑车。兰博基尼的首席执行官公布这款限量版跑车的售价是 100 万欧元，限量 20 台。兰博基尼声明车主要从原有的兰博基尼车主以及专业收藏家中挑选。Reventón 取自一头牛的名字，这头牛曾在 1943 年导致一位著名西班牙斗牛士的死亡，而 Reventón 牛也因凶狠狂暴声名大噪。Reventón 跑车在所有方面堪称是一辆终极版的兰博基尼“蝙蝠”。在一袭高科技外衣之下的，是 Reventón 专属的狂暴性能。Reventón 跑车搭载 6.5L V12 发动机，最大功率 650 匹马力，配备了四轮驱动系统，0～100 公里 / 小时加速 3.4 秒，极速为 340 公里 / 小时。Reventón 的车身造型与 F22 隐形战机有着异曲同工之处：车尾的 LED 刹车灯令人联想起飞机腹部的信号灯；透明的引擎盖打开时，就好像战斗机的座舱盖打开一样。车厢内部的 TFT 彩色仪表板拥有两种显示模式，独有的航空式显示模式更令人惊叹。除此以外，Reventón 还配置了众多豪华设备，包括手工打造的顶级真皮座椅和 Alcantara 鹿皮材质的内饰包裹等。无论兰博基尼 Reventón 是否真的超越了法拉利恩佐，不管兰博基尼是否真正击退了法拉利，意大利的牛马对决肯定会越来越精彩、刺激，而经典也就往往如此呈现在世人的面前。

兰博基尼 Gallardo

兰博基尼在1966年研发的400GT，以320马力的功率一举击败对手法拉利、玛莎拉蒂与阿斯顿·马丁。而到了1971年，他的大作康塔什LP5000造型另类前卫，被赞誉为“外星跑车”，在车坛为兰博基尼赢得了如日中天的地位。

20世纪70年代，世界跑车款式层出不穷，树立起标新立异的风格成为各大品牌立足跑车车坛的唯一途径。当时，一些车厂只会盲从潮流，而兰博基尼却一直保持高超的四轮驱动技术优势以及桀骜个性。1987年底，兰博基尼被美国克莱斯勒汽车公司以2500万美金收购，克莱斯勒技术的加入使后来的“鬼怪”车型受益匪浅。1998年，德国汽车巨头奥迪收购了兰博基尼，从此“复仇使者”归于大众旗下，在极速驰骋的梦想中收获了更多的智慧。

虽然历史上兰博基尼的两大主流车型是“康塔什”和“鬼怪”，而实际的情况是，从它1963年诞生开始，在世界各地所有的汽车博览会上，只要有兰博基尼的身影，就会有轰动，就会有无数人驻足长观、流连忘返，因为每一款兰博基尼都是经典，是“令人无法超越”与“令人无比敬畏”的代名词。

在1963年10月26日的意大利都灵车展上，兰博基尼推出第一部作品

350GTV，底盘编号 0100，极速 280 公里 / 小时，仅生产一辆。这件处女作一直被保存在兰博基尼的收藏室里，后来以高价卖给了日本收藏家。

兰博基尼真正让世界瞩目的是 1966 年研发的 400GT，2+2 座椅配置，4 升发动机，320 马力的功率一举击败竞争对手法拉利、玛莎拉蒂和阿斯顿·马丁。从 1966 年问世到 1968 年停产，400GT 共生产了 224 辆，极速 270 公里 / 小时。同样是 1966 年，兰博基尼穆拉 P400（Miura P400）闪亮登场。“P”代表后置（posteriore），暗示兰博基尼将发动机置于驾驶舱之后的惊人之举。“Miura”是西班牙著名的养牛人，被誉为“蛮牛之父”，比法拉利“飞腾的骏马”听起来更凶猛。“穆拉”被后人评为意大利的劳斯莱斯，其 280 公里 / 小时的极速为世界车坛带来真正的“兰博基尼速度风暴”。

虽然 1968 年兰博基尼的埃斯巴达（Espada）已获得“世界最快跑车”这一殊荣，但兰博基尼并未因此而止步，遗憾的是同年的伊赛罗和后来的加拉玛车型都没给公司带来多少声望。1971 年是一个转折点，兰博基尼为世界奉献了新一代梦幻超级跑车康塔什（Contach），从此兰博基尼在世界车坛如日中天。

康塔什 LP5000 在日内瓦车展一亮相，就引发空前反响，订单纷至沓

康塔什终极版本来是限量发行，但它最终成为该系列中最卖座的一款。终极版不像前款那样张扬，更着重于行驶和操纵的稳定性。1988 年至 1990 年间，兰博基尼公司共生产了 657 辆康塔什终极版。最后一辆于 1990 年 7 月 5 日完成，至今仍保存在兰博基尼收藏馆，停放在兰博基尼第一款跑车 350GTV 的身边。

来。实际上，康塔什 LP5000 把跑车制造技艺推向了登峰造极的境界。这款被赞誉为“外星车”的楔形跑车，外观造型夸张又富有野性，另类感浓重。前大灯为隐藏式，车身前罩与前挡风玻璃构成平斜面。车身前压后翘，前冲之力强劲，展翅欲飞的剪式车门相比鸥翼式车门更显时尚。

LP5000 先是采用中置 5 升发动机，后改用 4 升发动机，变速箱和差速器的设计材料中选用镁以减少车重，极速 300 公里 / 小时。从 1971 年到 1988 年，兰博基尼相继推出康塔什 LP5000、LP400S、LP500S、LP500QV 以及为庆祝公司成立 25 周年而设计的康塔什终极版本 25thanniversary 系列车型。

兰博基尼应该感谢康塔什，在最艰难的岁月中是它支撑着整个公司。康塔什超级跑车系列的购买者往往舍不得驾驶它们，而更愿意收藏和欣赏，以至于人们在公路上很难看到康塔什飘逸摇曳的倩影。为了极速的热情而来到人间，而大半的岁月却不得不悄声沉默，也许这就是大多数超级跑车的命运吧。

兰博基尼气焰嚣张的“鬼怪”有些姗姗来迟，从意大利最具声望的性格派大师马瑟洛·甘迪尼1985年为其完成第一张草图，到兰博基尼新旗舰展，一共用掉5年时间，开销60亿意大利里拉。兰博基尼对“鬼怪”的设计要求很简单：最高车速不低于315公里/小时。

人们对传说中狰狞的魔鬼总是避之唯恐不及，而兰博基尼“鬼怪”（Diablo）却以其绝美的身姿和超凡的性能征服了世界。鬼怪极速达到328公里/小时，车身很低很宽，攻势强劲而速度奇快，0~100公里/小时加速仅需4秒。同康塔什一样，鬼怪采用剪刀式车门，侧窗线更加圆滑，流线自然明快。1990年至1998年间，公司共生产了900辆鬼怪。

在鬼怪标准版推出3年后，兰博基尼的鬼怪VT系列诞生，“VT”是“viscous traction”的缩写，即黏性传动系统。设计者试图用这种强大的助力转向来弥补标准版鬼怪高速行驶中转向困难、离合器不易操纵等不足。后来的VT6在性能与装配上都是对鬼怪VT的改进，共生产了260辆，极速达到330公里/小时。VT6的纪念版本VT6se极速也是330公里/小时，限量生产40辆。

1993年，为了纪念公司成立30周年，兰博基尼鬼怪SE30问世，“SE”是“special edition”的缩写，即“特别版本”，车体隔栅上印着兰博基尼30周年的徽记。为了突出30年纪念款与其他鬼怪的不同，鬼怪SE30的发动机被涂成了金黄色。鬼怪SE30发动机7000转/分钟时可以发出525马力，极速达到331公里/小时。鬼怪SE30总体上是为了GT锦标赛而设计，很多元素都是赛车特性而不是跑车特性。SE30比其他鬼怪在价格上要高出15%左右，全球仅限量生产150辆，极具收藏价值。1995年11月26日，最后一辆鬼怪SE30被一位阿拉伯商人购买。

鬼怪系列是兰博基尼比较庞大的车系，

电影《非常人贩2》中，兰博基尼Murciélago双座敞篷跑车“友情客串”。片尾出现的Murciélago追飞机的情节，让观众领略到全球最顶尖跑车的魅力，为激烈的场面又添一把火。该车最高时速330公里/小时，0~100公里/小时加速时间仅需3.8秒，比一般飞机起飞时速度还要快。

兰博基尼 Concept S

拥有完整的发展脉络。在推出鬼怪 SE30 之后，公司又继续鬼怪 SV（高速运动型跑车）、鬼怪 VT 敞篷跑车以及鬼怪 GT、GTR 的研发与生产。

鬼怪 GT 是鬼怪系列中最“凶狠”的一款，安装 6 升 V12 发动机，动力性超过鬼怪系列中最快的 SV 系列。GT 限产 80 辆，极速达 338 公里 / 小时，在调整变速箱齿轮配合之后，极速甚至可以达到 345 公里 / 小时。在 2002 年之前，鬼怪 GT 在世界量产车中都是最快的，只有欧洲的公路可以承受其飞驰时的震撼，包括美国、日本在内的非欧洲国家的订单始终都没有得到批准。与 GT 同时登场的还有鬼怪 GTR，“R”的意思就是“racing”，即竞赛，GTR 实际上是鬼怪 GT 的赛车版，0 至 100 公里 / 小时加速时间竟然只用了近乎奇迹的 3.5 秒！鬼怪 GTR 比 GT 还要难得，全世界限产 40 辆，估价 31 万美元，并仅限欧洲购买。

在 2000 年初的底特律车展上，兰博基尼宣布除了鬼怪 VT6 以外所有的鬼怪车型都将终止生产。不过这并没有让兰博基尼的车迷们太伤心，因为在 VT6 的展台旁边分明有一款漂亮的敞篷跑车，周身涂有闪亮的钛材料。它就是鬼怪千禧重金属版敞篷跑车。“鬼怪千禧”也是全球限量发售，其上限 30 的产量让很多兰博基尼车迷颇感无奈。

2002 年，兰博基尼推出蝙蝠（Murciélago）作为新一轮战争中的旗舰车

型，也是底特律北美车展上展出的概念车的量产款。Murciélago 是中世纪一头连战数场而不死的斗牛的名字，兰博基尼董事会主席翻遍有关西班牙斗牛的 11 本厚厚的书籍，才发现了 Murciélago 的故事。这辆时速超过 330 公里的猛兽引起了全世界无数车迷的兴趣。它结合世界最高超的制造工艺与现代人体工程学原理，继承兰博基尼一贯的传统，冷峻、激昂，让人热血沸腾。27 万美元的售价也没有办法扑灭狂热车迷的热情，而兰博基尼王朝也经历了浴火重生。

时隔四年，到了 2006 年，兰博基尼发布了“蝙蝠”的加强版本 Murciélago LP640，“LP”意为“引擎纵向后置”，最大马力 640 匹，售价 33.8 万美元。同年，兰博基尼与意大利经典服饰品牌范思哲（Versace）携手合作推出一部惊世之作——Murciélago LP640 Versace。限量版 Murciélago LP640 Versace 只生产 10 部，起价 50 万美元。其重大变动在于一身耀眼的珍珠白外衣以及与之相匹配的蛋白色配件（黑白两款），远远看去犹如“天外飞仙”降临人世，收藏价值极高。

魅力、激情、梦想、科技、未来……所有这些元素梦幻般组合，交融出兰博基尼蝙蝠系列超级跑车。保时捷 911 GT2、阿斯顿·马丁 Vanquish 与法拉利 570 马拉内罗，不知是否都感觉到“鬼怪”的时代即将结束。一代霸主“蝙蝠”悄然君临城下，世界车坛不知又要经历一场怎样的腥风血雨。

在 1965 年的都灵汽车展上，兰博基尼只不过展出了穆拉（Miura）的底盘而已，就震惊了在场的车迷。在没有实体车体的情况下，公司就收到很多订单。五个月之后，兰博基尼携完整的穆拉（Miura）出现在日内瓦车展上，它火焰般华丽的车体和非同寻常的引擎，还有标志性的蛤壳式车罩，都令人兴奋不已。

兰博基尼 Gallardo LP560

保时捷

唯有保时捷才能胜过保时捷

世界上能够超越人们期望的事物实在不多，而不断地超越则更为难能可贵，保时捷便是其中之一。它代表着纯种跑车的高贵气质，它几乎是为速度而生。保时捷说，只需开动引擎，你对人类的信心就会完全恢复。

创始人
费迪南德·波尔舍
创始时间
1930 年
创始地
德国·斯图加特

保时捷的创始人费迪南德·波尔舍在 1948 年制定了一项简明而富有创造性的原则：“我总是无法找到梦寐以求的汽车，因此我决定亲自动手打造。”的确，好车是一种诱惑，而保时捷早已成为人们心中的一个偶像，代表着纯种跑车的高贵气质，把“经典传奇的质量、扬长疾驶的跑车性能和一望而知的独特形象”表现得淋漓尽致。它为速度而生，提供给人们无限宽广的设计与风格理念。保时捷不断丰富着自己的传统，100 多年间推出了 3000 多种经典车型。第一部自行研发的保时捷 356 跑车在 1948 年诞生，它在短短三年间获得了 400 多个奖项；而在 1963 年的法兰克福车展上，被称为“20 世纪最成功的跑车”的正是保时捷最初的那款 911；到了 20 世纪 90 年代，保时捷又为世界车坛奉献了有“双座公路之星”之称的博克斯特，在全球造成抢购热潮；而在 1996 年的 GT 赛车最高殿堂勒芒 24 小时耐力赛上，保时捷的 911 GT1 在各路高手之中杀出重围，一举夺冠，成为当年赛场上最耀眼的明星。保时捷跑车已经在世界范围内赢得了 23000 多次竞赛胜利。20 世纪 70 年代欧洲赛车场上流传着一则定律：唯有保时捷才能胜过保时捷。今天，保时捷已超越了汽车的概念，成为一种“用金属提炼而成的思想”。这种思想 70 多年来随着时代不断演绎，但有一样东西自始至终都保留着，那就是保时捷经典的运动血统。

保时捷车标采用斯图加特市的盾形市徽，车标的中间是一匹骏马，代表斯图加特市盛产的一种名贵种马；在车标左上方和右下方是鹿角的图案，表示斯图加特曾是狩猎的好地方；车标右上方和左下方的黄色条纹代表成熟的麦子，喻示五谷丰登；黑色代表肥沃的土地，红色则象征着人们的智慧和对大自然的钟爱。这一切仿若一幅美丽的田园风景画，象征着保时捷辉煌的过去和美好的未来。

1948 年，保时捷 356 跑车横空出世，在 1954 年至 1956 年三年间勇夺 400 多个奖项。值得一提的是，这个极速 145 公里 / 小时的赛场勇士是波尔舍父子在奥地利格蒙镇山区的一座锯木厂中，一锤一锤手工打造出来的。

保时捷的开发潜力并非始于 1948 年的第一辆保时捷跑车，而是可以追溯到 20 世纪初，那时天才的费迪南德·波尔舍拿出了他的第一份设计草图。拥有“跑车之父”美誉的费迪南德·波尔舍于 1875 年出生于奥地利，15 岁就开始从事电动车的开发工作，24 岁时发明了电动轮套马达。1900 年，还是一名年轻工程师和试车员的费迪南德设计了罗纳尔·保时捷双座跑车，轰动了巴黎世界博览会，保时捷这个名字因此名扬四海。1915 年，费迪南德把电动轮套马达应用于火车。如今，美国的一列超过百米长的火车仍然安装着这种电动马达。1928 年，作为戴姆勒的技术总监和董事会成员，费迪南德研发了传奇的奔驰 SS 和 SSK 增压跑车，还有联合汽车公司的大奖赛车，这些车款早已成为德国汽车工业中的光辉篇章。

1930 年 12 月 16 日，专业设计引擎、汽车、航空器、船舶的“保时捷设计股份有限公司”正式成立，领衔的“名誉机械工程博士”正

1995年，麦克拉伦F1横扫Fiagt、勒芒以及Sebring等24小时耐力赛。但到了1996年，纯赛车身份的保时捷911 GT1的加入，令生于公路的麦克拉伦F1望尘莫及。之后，GT战场就出现了麦克拉伦F1、保时捷911 GT1与奔驰CLK-GTR三分天下的局面。在GT赛车的最高殿堂勒芒24小时耐力赛上，保时捷911 GT1从各路高手之间杀出重围，一举夺冠，成为当年车坛最瞩目的英雄，这也是保时捷911 GT1历史上最辉煌的一次胜利。

保时捷 911 GT1

是曾经设计“亨利王子”“沙卡”等著名车款的费迪南德·波尔舍。当时已经55岁的费迪南德之所以要自立门户，就是要实践“造型完美时，性能就会伴随而至”的“正宗跑车工艺精神”。在他看来，每一款车、每一个零配件，甚至是每一枚螺丝，都要以赛车标准来设计制造，以确保其功能及耐用性。这些理念最后被演绎成无懈可击的造车工艺，为保时捷赢得无数美誉。不久之后，费利·波尔舍也加入了父亲的事业。

对大众汽车史有些了解的人一定知道，保时捷同大众之间有着很深的渊源，其原因在于费迪南德·波尔舍曾经参与过大众甲壳虫的设计，是那只“虫子”让他名声大振。1935 年，甲壳虫的原型车在波尔舍父子手中诞生，至今已连续生产了近 70 年并成为世界上产量最大的车款。30 年代，保时捷还为奥迪车厂设计了 3 款高性能赛车，它们被认为是保时捷跑车的前身。1946 年二战结束，保时捷公司迁往奥地利，波尔舍父子以甲壳虫为基础，一同开始了保时捷汽车的研发工作。由于对性能有着难以言喻的狂热，第一部自行研制的保时捷自然是以性能著称的跑车。1948 年保时捷 356 横空出世，它拥有轻巧的车身、低风阻系数、灵活的操纵性能及气冷式发动机，在 1954 年至 1956 年三年间勇夺 400 多个奖项。

比尔·盖茨是保时捷的忠实拥护者，他最喜欢的是 1988 年推出的保时捷 959。但由于没有碰撞安全级别证明，这辆车一直被禁止上路行驶。直到克林顿总统亲自签发了一项联邦法令，盖茨才被允许驾驶那辆老保时捷 959 上路。据说，盖茨为了能够合法地驾驶这款车上路，甚至开发了一个虚拟碰撞试验的程序，从而获得了至关重要的碰撞分级证明，足见保时捷的魅力有多大。

1951 年，杰出的汽车设计师费迪南德·波尔舍去世，费利子承父业，肩负起了经营的重任。之后是费利的儿子费迪南德·亚历山大·波尔舍，他继承了家族的设计天赋，完成了保时捷历史上最重要的车型——保时捷 911，并在 1963 年法兰克福车展上引起轰动。后来，911 系列衍生出多种车型，成为保时捷历久不衰的经典。

一辆名叫博克斯特的敞篷小跑车使保时捷绝境逢生，而博克斯特 S 更是后来者居上，成为极佳性能与运动特性的代言者，它仿佛是保时捷向世界发出的一种声音：让运动从这里开始！

20 世纪 80 年代，保时捷遭遇了经营危机，直到 1993 年发表博克斯特（Boxster）概念车后，公司的未来才露出曙光。这部敞篷小跑车于 1996 年上市，后轮驱动，配置 2.71 升中置 6 缸发动机，6500 转 / 分时可输出 245 匹马力，0~100 公里 / 小时加速 6.1 秒，极速 258 公里 / 小时。博克斯特被称为“双座公路之星”，在全球造成抢购热潮，使保时捷的市场大大年轻化。创始人费迪南德要“推出一款高品质低价位的大众化跑车”的遗愿，

终于在他逝世 40 多年后得以实现。3 年后，博克斯特的后续车型博克斯特 S 问世，“S”表示该车具有更好的运动特性。S 版本的发动机排量变为 3.41 升，在 6250 转 / 分时输出 295 匹马力的功率，0~100 公里 / 小时加速 5.4 秒，最高时速 272 公里，它向世界发出的声音是：让运动从这里开始！

保时捷一向拥有毫不妥协的运动风格，在赛道上更是展现着舍我其谁的极速风采，令人心动不已。1955 年，保时捷跑车晋级，赢得 1.5 公升级冠军。为了庆祝这项荣耀，世界各地的保时捷车迷纷纷成立保时捷俱乐部，并发行保时捷跑车专刊。1960 年，保时捷车队勇夺 GP2 赛车桂冠，而保时捷 RS60 跑车也首度赢得达伽–佛罗尔汽车大赛总冠军。1963 年后，衍生自保时捷 911 的 911 卡雷拉 4 与 959 等超级跑车，在车坛难度最高的巴黎–达卡尔大赛中都有过超水准的表现。双座的保时捷 965C 则是保时捷赛车史上继 550、917 等劲车之后的另一新秀，它从 1982 年起连续五年主宰赛道。值得一提的是，在 1983 年的法国勒芒汽车 24 小时耐力赛中，除第 9 名外，前 10 名其余的奖项均被保时捷跑车包揽，而保时捷也由此获得了“跑车之王”的美誉。

1987 年，经过激烈的奋战，保时捷第 12 次获得

保时捷 Boxster

勒芒大赛总冠军。次年，保时捷在连续参加 37 年勒芒赛后光荣退出，从此专心制造纯种跑车，研发更快、更好、更安全的保时捷。

保时捷跑车的装配大都是由手工操作完成的，整个过程中不使用一台自动装置。一道工序以四五人为一组进行操作，每工作两小时休息十分钟，工序完成后由检验员进行严格检验，合格后才能转入下一道工序。为了保证品质，保时捷于 1971 年在总厂附近的威塞克建成一座现代化的研究开发中心及大型测试场地，拥有世界上最先进的风洞室、环境保护测量中心、新的破坏试验设施以及试车路段，成为世界上汽车研究发展项目中最著名的设计与测试基地。

保时捷，这个位居世界四大跑车品牌之列的德国尊贵汽车品牌，速度、美感、张力并不足以诠释出它的所有内涵。它是永不过时的设计原理与顶级工艺的完美结合，也同样是运动灵活性与动态个性化的延伸。

“保时捷”是香港人取意译的叫法，透着一种“稳当发财”的心态，内地则习惯以英文“Porsche”音译称为“波尔舍”。后来保时捷公司于 1996 年公开宣布“Porsche”的中文译名为“保时捷”，由于香港有大量的保时捷用户，而他们对品牌的称谓是

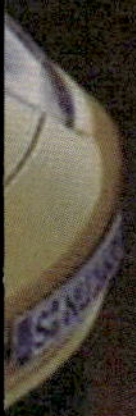

公司确定中文译名的主要依据，虽然中国内地的保时捷数量极少，但是这个德国汽车工业的杰出代表仍然有众多狂热的追随者。

保时捷最经典的车系要数911系列，1963年首款911车型亮相法兰克福车展时即被称为“20世纪最成功的跑车”。时至今日，该系列一直新意不断，在激情与灵感的光环下成为世界跑车王国中一道亮丽的风景。911系列是保时捷的自豪，它完美诠释着“创造经典、止于至善”的造车理念。从久经时间检验的911卡雷拉到急速强健的911 GT，保时捷一直强调精准、强劲与更多潜力。甲壳虫式的车身配以两盏圆形大灯，引擎怠速流畅，六挡手动变速轻巧准确。当时速达到80公里，升起的扰流板使行驶更加平稳。经历数载改进，新一代的911卡雷拉0~100公里/小时加速仅需5.2秒，极速达280公里/小时，其优异的性能完美继承了保时捷的鲜明风格。

911 GT3 RS是保时捷911车系中最新的代表作，“RS”代表德文“Rennsport”，是“赛车运动”的意思，是保时捷历史上最有感召力的车型名称之一，意味着完美的精确性和动力性能。它由保时捷赛车部按公路用车开发，但也完全可作为赛车使用。从特殊的悬挂系统设置到变速箱、后车窗的减重部件以及碳纤维翼板，911 GT3 RS最终实现了“综合高性能”概

保时捷的魅力在哪里？归根结底两个字：传统。传统在于40年几乎不变的独特造型；传统在于一贯的水平对置发动机后置模式；甚至传统到任何经典部位的“赶时髦”都可能遭到保时捷车迷的抵触。保时捷的设计师认为最原始、最简单的才是最合理的，他们似乎更愿意在原有的风格中不断地追求性能上的变化，这也造就了跑车设计史上鲜明的“保时捷风格”。

念，延续了保时捷在开发公路赛车方面悠久而辉煌的传统。它装备了3.61升水平对置6缸发动机，在5500转/分时达到405牛米的最大扭矩，最高车速可达310公里/小时，0~100公里/小时加速时间4.2秒，组合了完美的空气动力学平衡，获得非常出色的抓地力、安全性与稳定性，是真正可以在公路上行驶的赛车。

如今，911系列已经发展成为保时捷最为庞大的车系。除了911 GT3 RS之外，被称为“久经时间检验的最佳设计”的911卡雷拉、“时代之启迪”的911达伽4、“追逐阳光”的911卡雷拉S、“篷式汽车以及赛车运动源泉”的911 GT系列等等早已是车迷心中的经典。

在新时期，保时捷陆续推出了开曼（Cayman）系列以及卡宴（Cayenne）系列等令车迷心驰神往的跑车。当那些不从属于大汽车集团的跑车品牌渐渐从人们的视线中消失的时候，保时捷依然是一个震撼人心的名字。经历了80年代的经营危机，90年代的传统延续与风格创新，这个位列世界四大著名跑车的传奇品牌创造了夺标、茁壮、胜利、再胜利的光辉岁月，它那令人难忘的盾形标志出现在各种媒体上，流传于车迷的口耳之间，象征着活力与个性，成为超级劲车的“烙印”。

保时捷 911 Turbo

顶级

镇牌之宝

保时捷 911 Turbo

保时捷的 911 早已超出了“运输工具”的一般意义，它承载着先进的技术、优良的机械系统以及充沛的激情。而 911 Turbo 是经典中的经典，它甚至可以成为驾驶者生理的延伸。它会很轻易地让你明白，驾驶者多变的驾车技巧会令汽车拥有不同的表现。它是一款精准而力量强劲的跑车，新手要用几年时间才会对它的微妙之处有深入的了解。

911 Turbo 是风冷汽车发动机技术发展到顶峰的产品，配上双涡轮增压器后，3.6 升水平对置 6 缸 12 气门发动机最大功率达 408 匹马力，是当时世界上最快的公路用车，加速性能极佳。后来，911 Turbo 的双涡轮增压发动机改为水冷 24 气门，最大功率上升至 480 匹马力，扭矩 560 牛米，极速 310 公里 / 小时，0~100 公里 / 小时加速仅需 3.9 秒。其实保时捷在最大功率方面还留有相当的余地，客户可以订购功率更大的发动机。911 Turbo 配有专用于高速行驶，名为 PSM 的电子稳定程序，而它的刹车系统可以说是当今最优秀的。911 Turbo 通过涡轮增压（用猛烈旋转的涡轮把空气吹进发动机）使汽缸的进气量大增，进而激发强大的动力。所以说在公路用车中 911 Turbo 是当之无愧的速度之王，从风冷到水冷，它再次突破了自我的极限。

保时捷 911 Turbo 参数

布置形式 / 汽缸数：6

压缩比：9.0:1

发动机驱动形式 / 驱动：后置发动机

功率：353kw（480bhp）

容许总重：1950kg

最大扭矩（N·m）：620（超增压功能：680 N·m）

充气循环：二级谐振进气系统

发动机转速：1950 – 5000rpm

最高时速：310km/h

轴距：2350mm

0~100 km/h 加速用时：3.9s

宾利

极尽奢华的魔幻之车

宾利“展翅腾飞”的字母“B”标识，仿若一只雄鹰翱翔于天际，它意味着强劲的动力与永不妥协的追求。宾利跑车周身流露出经典的艺术感，为世人奉献真正的英式豪华驾驶享受。

创始人

沃尔特·欧文·宾利

创始时间

1919 年

创始地

英国·伦敦

宾利 Continental GT Speed

在世界汽车制造业中，“宾利”这个名字代表着千锤百炼的工艺与优越显赫的地位。有人这样评价宾利跑车，说它“具有法拉利的速度，劳斯莱斯的奢华”。宾利跑车处处秉承着英国优良的造车艺术传统，除了具有巧夺天工的技艺及完美的品质之外，宾利更代表着悠久的赛车传统。其出类拔萃的性能表现、雷霆万钧的引擎动力，缔造出真正无与伦比的英式豪华驾驶乐趣。

已经成为名流豪贵宠儿的宾利跑车到底有怎样的魅力呢？早在 1913 年，创始人沃尔特就第一次将铝合金活塞引入发动机，大大提高了汽车的性能，使宾利获得了商场与赛场上的双重成功；20 世纪 20 年代，宾利连续五年在勒芒赛上潇洒夺冠，铸造了不朽的“赛道传奇”；上世纪 50 年代

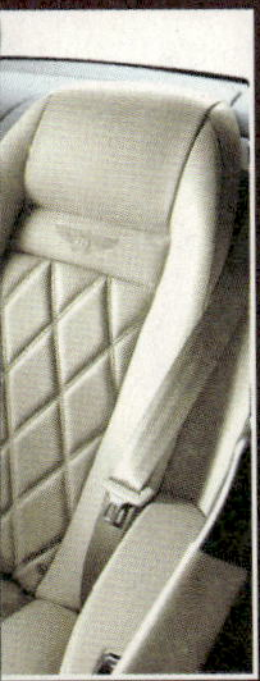

宾利的欧陆 R 型曾经是世界上最豪华的双门四座跑车，赢得了诸如希腊船王奥纳西斯以及石油大王洛克菲勒等豪门贵胄的青睐；2002 年，宾利雅致 T 在意大利的全球汽车选举中脱颖而出，勇夺“世界上最华丽车型”的奖项。

“手工打造”一直是宾利骄人的传统，也是其贵族血统的重要保证。与现代汽车生产流水线相比，英国克鲁郡的宾利厂房中的生产线每分钟只移动 6 英寸，生产每辆车要耗时 16 至 20 个星期。因为从车体焊接、涂装到动力系统及传动系统组装等几乎所有的造车工序均由手工完成。宾利汽车的内饰之豪华精细堪称世界名车之冠。这当中最考究的，莫过于手工缝制的真皮内饰以及木质饰板。内饰的皮料全部选用斯堪的纳维亚半岛的牛

宾利 Amage Drophead

皮，因为那里的牛是圈养的，皮质细腻且没有疤痕。通常，一辆顶级四门车消耗的牛皮可达 27 张，缝制工时超过 150 个小时。地毯则是最顶级的手工编织羊毛地毯。而木质饰板的加工可谓苛求完美，连木纹也讲求对称。

宾利的奢华与生俱来，宾利的速度与生俱来。从连续 5 次在法国勒芒赛场上成功夺冠，到成为伊丽莎白女王登基 50 周年金禧大典上的英皇御驾，从 80 多年的手工生产传统，到奋勇向前的“皇家运动员”气质——比起法拉利、兰博基尼这些野性十足的跑车品牌，宾利跑车多了些奢华与精致，它象征着勇气、纯正的贵族血统，还有激情与梦想。

宾利汽车的创始人沃尔特是一位天才的机械工程专家，他设计的发动机曾经效力于英国皇家空军飞机，而追求优异的性能也成为该品牌的传统。早在 1919 年，宾利 3.0 就是“最快的生产型汽车”，打破了当时几乎所有的耐力与速度纪录。

宾利汽车的创始人沃尔特·欧文·宾利出生在英国伦敦，是家中最小的孩子。1905 年，16 岁的宾利在英国北方铁路公司下属的机车工厂做学徒。

1906 年，宾利获得了他的第一辆摩托车，并在第二年参加了伦敦到爱丁堡的 400 英里摩托车赛。克服很多困难后，宾利终于如愿获得金牌。从此，赛车运动成为宾利的终身爱好，也成为他日后不断钻研汽车技术的动力。1909 年，宾利掌握了扎实的机械工程技能，结束了他在机车工厂三年半的学徒生活。

1912 年宾利和哥哥成为法国 DFP 汽车的英国总代理，并在此基础上成立了宾利兄弟公司。像莱特兄弟致力于飞机事业一样，宾利兄弟对跑车事业有着无比的热情。赛车爱好者和机械工程专家的双重身份，让宾利敏锐地注意到发动机在造车业中的决定性作用。他首先在从法国引进的 DFP 跑车上做文章，大刀阔斧地改进发动机。

1913 年，他第一次引入铝合金活塞，大幅提高了汽车的性能，获得了商场与赛场上的双重成功。一战期间，宾利受聘于英国皇家海军航空兵技术委员会，与同伴研发出那个时代最优秀的 BR2 航空发动机，并安装在皇家空军飞机上。

1919 年欧战结束，踌躇满志的宾利与战时的工作伙伴弗兰克·伯吉斯、哈里·华莱合作设计了一款名为“宾利”的跑车。空军上校克莱夫·盖洛普也加入了这个团队，他们共同开发了第一台 4 缸凸轮汽车发动机。同年，宾利兄弟正式组建了宾利汽车公司。

宾利最早的成名车款就是 1919 年公司成立时推出的马力高达 85 匹的宾利 3.0，其最高时速可轻易突破 129 公里，成为当时速度最快的生产型汽车。宾利 3.0 打破了当时几乎所有的耐力与速度纪录，其衍生车型还连续

沃尔特·欧文·宾利的设计理念是“创造卓越、极速的车中极品”，这一理念贯穿于宾利公司的历史之中，其价值在赛车运动中得到体现。宾利的车头标志，中间为一个字母 B，两边是展开的翅膀，庄严而不失霸气，成为疾驰自如、充满力量的象征。

顶级

镇牌之宝

宾利欧陆 GT

2002 年 9 月，宾利欧陆 GT 跑车（Continental GT）在法国巴黎车展一经亮相，即刻成为展场上的主角。欧陆 GT 在继承宾利汽车尊贵豪华传统的基础上，结合尖端科技，将性能发挥到极致，是不折不扣的“速度之王”。它采用了全新 6 升 W12 汽缸双涡轮增压发动机，0~100 公里 / 小时加速时间仅为 4.8 秒，最高时速可达 318 公里。然而除了速度之外，欧陆 GT 那不可思议的流线外形更是征服人心。首席设计师这样描绘自己的得意之作，“它外形夺目，线条优雅，车尾形态充满肌肉感，宛如一只正要腾跃而起的猛兽，完全进入了一种完美的境界”。欧陆 GT 继承了最具传奇色彩的欧陆 R-Type 的设计风格，全部手工打造，充分诠释出宾利精湛的造车工艺，是澎湃动力与尊贵品味的完美结合。欧陆 GT 被称为“世界上最漂亮的汽车”，也是“最梦幻的汽车”。

欧陆 GT 首次采用四驱系统，配以电子稳定车身装置，还安装了电脑化的信息娱乐系统。车内电脑提供 137 个菜单选项，令驾驶者在面对各种路面时都能操控自如。出类拔萃的性能表现、强大的引擎动力，欧陆 GT 缔造出一个无与伦比的跑车经典。

自 1919 年第一辆宾利汽车诞生起，宾利便被奉为车中极品，演绎着贵族气度。欧陆 GT 在醉心于极速驾驶的同时，传承了这种高贵的血统。欧陆 GT 的内饰采用精挑细选的真皮与上等木料，经英国克鲁郡工匠手工装嵌完成。地毯则选用优质耐用的英国著名的威尔顿纯羊毛地毯。芬芳的皮革、质感纯正的木料、柔软的地毯交相辉映，后座分隔呈现宾利“B 字翼”形态，犹如自由翱翔的雄鹰……这一切都营造出无与伦比的“宾利氛围”。

宾利欧陆 GT 是宾利自身造车工艺的突破，作为极其实用的超豪华跑车，既容纳了有史以来最强劲的引擎，又给予了乘坐者极度的舒适感。它奠定了宾利汽车 21 世纪的奢华设计理念，缔造了全新一代的跑车典范。风驰电掣中的每一公里、每一分钟，欧陆 GT 都带来至深的欢乐与狂喜。

宾利欧陆 GT 参数

驱动形式：前置四驱

最高车速（km / h）：318

油耗（L / 100km）：19.2

长 / 宽 / 高（mm）：4807 / 1918 / 1390

轴距（mm）：2745

轮距（前 / 后）（mm）：1619 / 1603

油箱容积（L）：90

整备质量（kg）：2424

发动机：6L　W12 汽缸双涡轮增压发动机

汽缸数：12

排量（ml）：5998

点火方式：多点电喷

最大功率（kw）：411

最大功率转数：6100

最大扭矩（N·m）：650

0~100km / h 加速时间（s）：4.8

变速器型式：6 挡自动

悬架（前 / 后）：双横臂式独立悬架

轮胎规格：前 275 / 40　ZR19　后 275 / 40　ZR19

前 / 后制动器类型：通风碟

车门数：2

座位数：4

五年夺下勒芒耐力赛冠军，宾利从此名扬天下。而宾利3.0的历史意义远大于此，它几乎为宾利所有的车款制造指明了方向，即快速、易驾驶，在高速行驶中容易操控、持久耐用等。

在1921年之前，宾利只出售跑车底盘，车体则由其他公司提供。1921年9月，宾利售出了第一辆宾利车。由于接连在勒芒赛中获胜，宾利受到热爱汽车运动的年轻人的青睐，这其中包括一些贵族和影视明星。20世纪30年代，宾利推出Blower老式车，虽然仅生产了50部，却具有令人吃惊的性能：4气门发动机、4.5升排量、输出240匹马力、极速160公里/小时。当年它骄傲地驰骋于赛车场上，伴随着发动机隆隆作响的声音，令人对英国造车技术刮目相看。

每一款宾利汽车都流淌着显赫的贵族血统，彰显着顶级豪华的尊贵气派，闪烁着极速飞翔的耀眼光辉，这些出类拔萃的传统无不通过宾利精湛的设计得以体现。

在百年前的欧洲，汽车主要是贵族用来竞技娱乐的工具，相应的，各式各样的赛车活动蓬勃发展。法国人在20世纪初建立了勒芒赛道。今天，勒芒耐力赛与F1方程式系列赛均成为世界重要的汽车赛事。勒芒赛事是在24小时内不断进行速度与耐力考验的竞赛，这就要求参赛车辆的动力性和耐久性都要十分卓越。作为赛车爱好者，宾利先生携自己设计生产的宾利汽车多次参赛。宾利先生认为，赛场夺冠不仅可以证明自身的实力，也是一种很好的营销方式，况且"速度之赛"对他来说一直充满诱惑。所以，宾利汽车的研发部门一直在耐久性和速度上不断追求卓越。1923年，勒芒赛事第一次在法国举行，参赛的33辆车几乎清一色是法国跑车，宾利作为唯一一辆英国跑车，以轻而有力的引擎震惊全场。第二年的赛事十分惨烈，参赛的40辆车中最后只有17辆完成比赛，宾利轻松赢得冠

军。后来，宾利连续赢得了1927、1928、1929及1930年的勒芒赛冠军，成为赛道上不朽的传奇。

也许有很多人会发出这样的疑问，汽车制造企业花费巨资研发赛车有多大意义。其实，在研发赛车的过程中，会遇到很多平常路况、一般速度下不易遇到的技术难题，解决这些问题对民用车的设计与制造大有裨益，而宾利从创始时就是沿着这种思路运作的。由此可见，虽然宾利汽车以豪华著称，但实际上它拥有纯正的赛车血统。在宾利的造车理念中，豪华舒适的乘坐性与极速驰骋的驾驭感相映成辉，带来超凡的驾驶体验。

“让动力与速度元素，结合最精良的装备，在豪华座驾之上得以见证。”这是宾利恪守了80多年的造车宗旨。宾利欧陆R型堪称上世纪50年代最豪华的双门四座跑车，曾被英国《汽车》杂志赞誉为“现代魔幻之车”。

很多人都不会忘记1929年纽约股市大崩盘给各行各业带来的灾难，自杀和破产不再是新闻。宾利汽车公司也未能幸免，它的主要客户几乎都被这场金融灾难牵连进去，宾利营业额锐减，公司一下子陷入了绝境。然而，宾利先生似乎全然不在意生意场上的得失。1930年，公司推出了装备8升6缸发动机的新车型，以确保安全舒适的基础上，能够达到超过160公里的时速。在那个年代，这是令人难以置信的成就。该款车共限量生产100辆，第一位车主是著名演员杰克·布坎南。即便如此，宾利先生执着于造车技术的勇气也不能改变残酷的现实。1931 年，宾利公司的财务状况恶化，很快就进入了破产程序。竞争对手劳斯莱斯以 12 万英镑收购了宾利。从此，宾利汽车进入了一个全新的发展阶段。

宾利的生产线于 1946 年迁往英国克鲁郡，此时它与劳斯莱斯已被划分为两个独立的品牌。1952 年 6 月，宾利欧陆 R 型（Bentley Continental R）隆重上市，极速 193 公里/小时，在当时被公认为跑得最快的四座车，英国《汽车》杂志更是赞誉它为“现代魔幻之车”。作为世界上最豪华的双门四座跑车，欧陆 R-Type 已经成为极具收藏潜力的车型，并赢得了包括希腊船王奥纳西斯、意大利阿涅利家族以及石油大亨洛克菲勒在内的无数豪门贵胄的青睐。此后的几十年间，宾利所有的欧陆车型都延续着 R-Type 的风格。至今，宾利的欧陆车型仍然新意不断。此时宾利在速度上的优势也成为豪华车的一种装饰，同时购买者们也喜爱它的自动排挡和宽大尺寸以及英国古典车型风貌。

当劳斯莱斯充当世界极品房车的角色时，世界最豪华跑车的角色就落到了宾利身上。公司在 1989 年推出的 Turbo R 车型，可以看做是劳斯莱斯豪华轿车的跑车版。它保留了劳斯莱斯的奢华与端庄。该车装备涡轮增压

与其他品牌的跑车不同的是，宾利跑车带给人们更多舒适自如的驾驶享受。宾利始终在创新、优雅与人性化方面孜孜以求，车体的各部分配合得天衣无缝。每辆从生产线上驶离的宾利跑车都是一件精致的艺术品，这不仅表现在其优雅的车身线条、舒适豪华的座椅等方面，更体现在其对于动力和操控性的着力改善。比如对气流动力设计加以改良，使高速行驶中的车体具有更好的稳定性等。

发动机，性能得到了充分的发挥。制作精良、布局合理的仪表盘被誉为“世界第一仪表盘”。80 年代后期，Turbo R 配上电子化设施，令驾驶性能更加稳定。

装备 6.75 升 V8 双涡轮增压发动机的宾利雅致系列于 1998 年 4 月诞生，沿袭了宾利汽车最经典的外观设计，车内配置豪华气派。客户可以选择参与早期设计，从防弹车体到最先进的娱乐和通信系统，雅致系列都考虑得十分周到。该系列将宾利的造车宗旨体现得淋漓尽致，精湛的工艺、卓越的性能、极速的驾乘感受使它作为高性能豪华跑车而赢得了霸主地位。

450 马力的雅致 T 外型优雅、跑力十足，被认为是最快的、动力最强的宾利跑车，成为追求速度、享受疾驰快感的运动人士的首选。重量超过 2500 公斤的雅致 T 最大扭矩达 875 牛米，0~100 公里 / 小时加速只需 5.8 秒，双悬挂式避震再配上电子防滑装置使驾驶者获得更大的操控享受。雅致 T 是美学与力学的超凡结晶。2002 年，它在意大利的全球汽车选举中脱颖而出，勇夺“世界上最华丽车型”的奖项。评委们形容宾利雅致 T 为“融合了典雅的品牌哲学、最优雅的流线造型、最先进的配置以及英国经典艺术感的轿车”。

伴随着一个世纪的传承与革新，宾利这个名字已经远远超出了“汽车”的意义。在很多车迷眼中，宾利跑车是豪华舒适的移动空间，是尊贵身份的代名词，它所呈现的永远是动力、奢华、典雅、舒适与精湛的工艺。

宾利 Continental GT

宝马

一切均为驾驶乐趣而生

宝马是跑车领域中的强者，冒险和征服是它的最爱，把不可能的事情变成可能，便是它仰天长啸的资本。宝马永远是精英们梦想的坐骑。

创始人
吉斯坦·奥托
创始时间
1916 年
创始地
德国·慕尼黑

“即使你把它拆得七零八落，它依然是位美人。”“生活艺术唯你独尊。”宝马的广告语如同其产品一样精彩。对于宝马，人们总是期望它能制造出真正非凡的跑车，就是那种能激发人们的热情和向往的车型。而宝马的确没有让人失望，它那充满魅力的造型、无可争议的技术优势以及杰出的性能，足以让人魂牵梦绕，心潮澎湃。长久以来，宝马为所有跑车爱好者带来无尽乐趣，更成为那些充满活力的年轻人的个性宣言。这无关财富和炫耀，而是一个关于鉴赏力、自我感受、驾驶技能和生活方式的宣言。

宝马跑车拥有气势如虹的外表与高贵典雅的内在品质，它所反映的是一种积极的生活态度与方式，令世界上要求最严格的客户也无可挑剔。有谁会不爱宝马跑车呢？到今天，宝马跑车已远远超越了作为交通工具的简单定义，它是春天里掠过原野的风，是银幕里永恒的浪漫和经典。每一部 007 电影上映前，影迷们都尽其所能地猜测邦德会开什么车。这个永远身穿布里奥尼西装，永远喝摇匀而非搅拌的伏特加马提尼酒，永远身边美女

在 1992 年以前，BMW 汽车在中国大陆并不叫“宝马”，而是被译为“巴依尔”。1992 年，瑞士一家设在香港的公司开始在中国大陆代理销售 BMW 轿车，成为 BMW 在中国大陆的第一家代理公司。这个在香港注册名称为“宝马利亚”的公司，决定用公司名称的前两个字——“宝马”来推广 BMW 汽车。

如云、永远没有尝过失败滋味的世界顶尖间谍詹姆斯·邦德，其实是一位忠实的宝马车迷。在《黄金眼》中，他驾驶的是一部宝马Z3跑车；在《明日帝国》中，他有一部宝马750il豪华车；在《末日危机》中，他心爱的坐骑是宝马公司备受瞩目的Z8超级跑车。

驾驶乐趣是一种感官的享受，它来自实实在在的高科技内涵，也来自独特的造型语言和内部设计。在宝马的设计师看来，创造一种卓尔不群的跑车，就是创造一种轮子上的真实个性，这种创造带来的智能化和视觉冲击，是完美的精神追求。因此，他们坚持要在日光下设计汽车，因为自然光线的变化会让汽车焕发生命，从而使汽车优美的轮廓在任何角度欣赏都能呈现出独特的光彩和动感。尽管设计过程要进行大量的准备工作，然而往往是情感和直觉的力量起到决定性的作用，一个清晰的概念也往往来自对其他艺术形式的观摩和由此产生的灵感。宝马的设计师相信，动感将不仅来自比例，也来自车身表面线条的表达力。这种信念使宝马表现出迷人风采的凹凸线条组合，给人强大的力量感受。无论喜欢还是难以接受，特立独行的外形都让宝马跑车更有特点。它打破了传统的审美品位，让传统成为过去。总之，宝马的设计颠覆了跑车领域的制造者和购买者的现状，而这种风格的巨大变化的背后所表现出来的正是一种勇气。尽管有关它的争论还未尘埃落定，但越来越多的人已经被它折服，设计行业也正被一种变革的力量诱惑——而这一切，都缘起于宝马的设计风格，由此你不能不承认它在汽车行业中的领导地位。

看过毕加索名画的人，懂得怎样用色彩来表达；听过贝多芬钢琴协奏曲的人，懂得什么叫华丽；去过巴黎的人，懂得如何享受人生；驾驶过宝马跑车的人，懂得如何用激情升华生命，更懂得如何用品位经营生活。

宝马公司的前身是“巴伐尼亚飞机制造厂（简称 BFW）”，这家飞机工厂于 1916 年 3 月 7 日成立，最初以制造流线形的双翼侦察机闻名于世。公司始创人是吉斯坦·奥托，其父是鼎鼎大名的四冲程内燃机的发明家——奥古斯特·奥托。吉斯坦·奥托是一个飞机迷，他曾连续几年获得飞机比赛的大奖。在航空界的高度成就，使他怀着很大的野心制造汽车，他的这一决定为汽车历史写下了光辉的一页。但是令人遗憾的是，由于决策的失误，吉斯坦没能陪伴 BFW 走得太远。1917 年他便退休了，但由他一手开创的汽车事业，却在后人手中继续发展壮大，并最终成为行业中的佼佼者。

1917 年 7 月 20 日，吉斯坦·奥托退休后，BFW 公司便开始重组，正式命名为 BMW（Bayerische Motoren Werke）。车厂有了两位新老板——积及·莎柏奴和甘美路·卡斯丁哥尼，两人都是日后 BMW 车厂发展史上举足轻重的人物。这家公司的第一个成功产品是由麦克斯费兹设计的直列 6 缸发动机，并在第一次世界大战时装配在德国战斗机上。1918 年 11 月，第一次世界大战结束，德国成为战败国，BMW 的飞机被《凡尔塞条约》列为“战争武器”禁止生产。此后，BMW 开始涉足摩托车的生产。直到 1925 年，BMW 才开始研制汽车，雏形也同时建成，为日后进军车坛打下了基础。

宝马标志中间的蓝白相间图案，代表蓝天、白云和旋转不停的螺旋桨。喻示宝马公司悠久的历史，象征该公司过去在航空发动机技术方面的领先地位，又象征公司的一贯宗旨和目标：在广阔的时空中，以先进精湛的技术、最新的观念，满足顾客的最大愿望。它反映了宝马公司蓬勃向上的气势和日新月异的新面貌。

宝马想要制造它自己的轿车，但不想挑战那时强大的戴姆勒奔驰汽车，所以决定尝试一些小型车。那时一家名为艾逊力运输工业的工厂拥有一个名叫“华特堡”后改名为“迪西”的汽车品牌。当时迪西汽车销售欠佳，所以向英国奥斯丁（Austin）车厂申请在德国制造 7 型车的权利。1927 年正式投入生产，改名为 dixi 315 dai（dai 即德国版），这款受到德国顾客欢迎的英德混血儿令车厂重获生机。宝马的老板认为，与艾逊力合并是品牌提高的最佳良机，于是在 1928 年两家公司合并了。

1929 年 7 月，宝马推出首辆汽车——BMW3／15，这辆车一直生产至1932年末。1932年3月，厂方从BMW3/15改良而成的3/20诞生了，新车有自己的个性和方向。1933年，在德国的柏林车展上，宝马展示了他们最新的303型，车款是从3/20演变过来的，配用一台并列6汽缸、双化油器，汽缸容积1173毫升，制动功率可达到22千瓦的高性能双门四座位轿车。303型之后再延伸至315、319、320型等，宝马的创作源泉正在长流不息。另外，宝马似乎对跑车情有独钟。1935年宝马的第一辆跑车315-1问世，它是315的改良版，装有三个索利克斯化油器的6缸发动机功率增至29千瓦，极速达130公里/小时。此车还以耗油量低、安全和容易操控而驰名于世，它的典雅设计突出了宝马对性能的严格要求。315-1双座车在1935年和1936年制造，总共只生产了242辆，但它为以后的宝马跑车设定了可遵循的样本。

对于宝马的成功，327型和328型跑车是功不可没的。这两款车是血统纯正的跑车，也是随时可以上场比赛的跑车。1936年宝马推出了对跑车界影响巨大的328型跑车，它改进了315-1型跑车的设计，装配具有高性能铝制汽缸头的宝马2公升发动机，可以选装比赛专用变速箱和快拆式车轮。328型车的最高时速接近150公里，轻型的管状底盘使悬挂系统相对更软，而且操作极为舒适。在20世纪30年代的余下几年中，宝马328成了跑车设计中的一个标志产品，在战后的岁月中它更成为一个经典，被收藏家和老爷车赛手竞相收集。直到现在，对于许多宝马爱好者而言，它仍

是宝马历史上的最高点。

典雅的设计是整个30年代后期一系列轿车的特点，327是所有宝马车中外观最漂亮的车型之一，它是早期326的双门跑车版。因为公司决定首先推出328双座跑车，所以327推迟到1937年才推出。它是装有328跑车的2公升发动机的高性能车型。到30年代末期宝马确切地代表了富裕的纯纳粹德国生活方式的顶点。除了发动机可供选择以外，327还提供了选择专业手工制品的可能性，如果你愿意的话可以在双门车或敞篷车中选购一个木制车身。宝马的系列车几乎可以满足各种品位的需求，当然前提是你要有足够的钱。

宝马最耀眼的魅力不仅体现于非凡的产品和科技，其数十年熠熠生辉的传奇历史更是让人赞叹不已，无数机械师、发明家、才华横溢的工程师和满怀梦想的天才们，让这一传奇延续至今。

到1939年，宝马作为一个汽车制造商已经发展了十多年，但第二次世界大战的爆发宣告了这一时期的结束。1945年二战结束时，慕尼黑工厂的

在世界最重要的发动机评比“2007年度世界最佳发动机”评选中，宝马的4款发动机荣获7项大奖，成功捍卫了其行业领袖地位。4款获奖发动机为：BMW 3.0升双涡轮增压直列6缸汽油发动机、BMW 5.0升 V10汽油发动机、BMW 2.5升直列6缸汽油发动机、MINI 1.6升涡轮增压汽油发动机。其中BMW 3.0升双涡轮增压发动机是世界上首次使用双涡轮增压技术的直列6缸发动机。

雄心勃勃的宝马公司在二战前一年成立了科技中心，他们准备将飞机工程学上的优势带入造车工业。宝马公司加强了对空气动力学的研究，并根据 Kamm 教授的理论研发出流线形汽车的雏形。事实上，该雏形是世界公认的第一款真正符合空气动力学的汽车设计。这令宝马公司在汽车设计上傲视群雄，可惜人类史上最残酷的战争在欧洲大陆上演了，无情的战火摧毁了一切。

所有设施都被盟军炸得支离破碎，这次重创必须经过好几年时间才能复原。第二度经历过战争的宝马，要等待长达 7 年之久方能再次投入生产，这时的宝马生命力显得很脆弱。在有车出售人们也买不起的经济状况下，摩托无疑是最合适的交通工具，宝马于是回到摩托车制造领域。那时，虽然宝马 328 统治跑车世界的年代已经过去十年，30 年代的生活方式也早已过时，但宝马 328 的技术仍然有用武之地。英国人等不及宝马的复原，直接对其予以改进。1945 年，英国重建 328 型，326 型亦得以复苏。同样美国人也很喜爱 328 型，他们从英国购入发动机，重新设计车身并加大功率至 97 千瓦，然后运往美国市场销售。然而最成功的要算是恩斯特·卢夫，在 40 年代末期，他带领几个前宝马工程师重建工厂，沿用 328 的零部件开发了一系列最新式的跑车，他把他的宝马系列车称为维利塔斯。维利塔斯系列车既适用于赛道也适用于公路驾驶。在 40 年代末 50 年代初的德国公路赛中他们非常成功，从而引起了人们对战前宝马建立的伟大运动传统的强烈怀念。现存的维利塔斯车已是收藏珍品，而他们的设计者恩斯特·卢夫在 50 年代重回宝马工作，帮助公司重建汽车制造部。

1955 年宝马又推出的两款新车，足以使公司恢复到战前的地位。运动型的 503 标志着宝马回归到了以 315 和 328 为代表的生产高性能跑车的传统，它的最高时速达到了 190 公里，但销量

不大。507也是如此，但却是30年代后宝马车中最受欢迎的一款。BMW 507是一款非常罕见的高级跑车，该车由高尔茨在一年之内设计完成，一共生产了252辆。为了满足每个一位顾客的特定需求，每辆车都是手工制作为主。其恒久的外观、时髦的轮廓、流线的造型和延展的发动机罩盖保证了这款车直到今天仍然被视为梦幻赛车的化身。这款被《法兰克福晚报》誉为“梦中奇想”的豪华双座敞篷跑车售价为26500马克，而当时德国人平均税前月收入仅为347.5马克，能拥有它的都是一些真正的富人。而这正是宝马公司所期待的结果。因为正是507和与它同时推出的豪华房车503，才使宝马公司从此告别了二流车厂的地位，与那些历史悠久的大牌公司一起跻身于高档汽车生产厂家之列。

宝马Z系列，似乎总是被一层薄薄的神秘面纱笼罩着，给人一种遥不可及的感觉。毫不谦虚地说，其中的每一款都是独当一面的超级跑车，每一款都是设计名帅的沥血之作，每一款都称得上是价值不菲的艺术品。

1985年1月1日宝马成立了BMW Technik Gmbh子公司。在BMW公司内部其代号为“ZT”，“ZT”的职责和任务是研制和开发

宝马 Z8

宝马 Z8 的基本设计具备古典美感：颀长的前部、短短的车尾、经典而舒适的驾驶室。车轮罩柔和的曲线通过宽阔的车门延伸至短而充满力量感的车身后端。前轮罩与车门之间的排风口是典型的宝马风格。Z8 宽大的双肾形散热器护栅和玻璃罩下紧凑的卤素前灯都突显其纯正的宝马血统。从后部看去，Z8 的车身曲线从前部延伸向后，在尾部略微下沉，给人以完美的观感。扰流板的造型和抛光钢材制成的双排气管也同样令人印象深刻。此外，为了一年中那些不太晴朗的日子而设计的硬车顶也是 Z8 的标准配备。

从内涵来看，宝马 Z8 再次实现了运动特点与豪华特性的完美结合，即使对于这一级别汽车来说，Z8 的许多配置也是绝无仅有的。Z8 大量采用新材料，在开发 Z8 的“脊柱”（底盘框架）时，宝马公司的工程师们采用了一种新技术，即带有结构板的铝合金框架，所以这款运动跑车的车身大部分由铝合金制成。而后部的缓冲装置和内侧面则采用了聚胺脂，用来吸收哪怕是细微的颠簸，并缓冲车身承受的冲击。这些新材料的使用保证了车身拥有最大刚度，在碰撞中拥有最佳表现，并把振动减低到最小值，确保了驾驶的平顺性。

宝马 Z8 全部采用了现代顶尖的汽车技术，装备性能卓越的 V8 运动型发动机。这款发动机因装备新型宝马 M5 而盛名远播。此动力单元在最初就是针对两种不同概念的汽车而开发的，其排量达 5 升，发动机 6600 转 / 分钟时，最大输出功率达到 400 马力，最大扭矩为 500 牛米，可以保证在任何发动机转速下都拥有充足的动力储备。宝马 Z8 采用 6 速手动变速箱，后轮驱动，另外装备了优化牵引力的 DSCIII 控制系统，发动机性能无与伦比。由于发动机具有良好的适应性，不论处于何种挡位，Z8 都可以轻松超车。Z8 的制动性能也同样突出：以 100 公里 / 小时行驶时，只需 2.5 秒便可完全停稳。Z8 的底盘和悬架也主要采用了铝合金材料。前桥采用了一种全新的弹簧支撑装置，转向装置为精确的齿轮齿条式，后桥为整体式设计，以确保对横向和纵向力进行最优处理。专门为 Z8 设计的轻合金轮独一无二，是 Z8 区别于其他车型的又一超凡特质。

Z8 开创了一种全新的汽车概念，它是为真正的行家提供的最出色的超级驾驶机器，是一辆激情澎湃、让梦想成真的跑车。

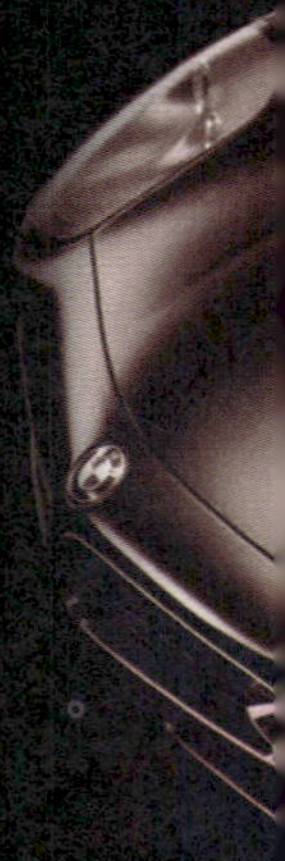

顶级

镇牌之宝

宝马Z8参数

长×宽×高（mm）：4400×1830×1317

轴距（mm）：2505

轮距前／后（mm）：1553／1568

自重（kg）：1660

油箱容量（L）：73

发动机：V型8缸90度夹角

DOHC自然吸气汽油机

发动机位置：前置

供油方式：多点电喷

汽缸数：8

每缸气门数：4

排气量（ml）：4941

最大功率（kw／rpm）：249／6600

最大扭矩（N·m／rpm）：500／3800

压缩比：10.5:1

变速箱：6挡手动

转向系统：动力助力转向

0~100km／h加速时间（s）：4.7

最高车速（km／h）：250

当前时代最新的，甚至是超前的汽车技术和最前沿的汽车设计，并且使这些实验室的前卫技术和设计为以后的投放市场量产汽车作技术储备。因此，在这里进行的任何技术开发、任何设计都是革命化的。在这里工作的工程师和技术专家不用考虑他们手中进行研发的项目是否和市场有关，更不用考虑现在的车主是否需要，可以说，“ZT”就是这些天才科学家幸福的乌托邦。随着“ZT”日益发展成熟，随之而来的是一个个令世人瞠目结舌的作品的诞生。

第一件伟大的作品就是Z1。这款敞篷跑车采用了钢制硬壳式底盘，车身和垂直伸缩式车门均采用塑料制成，发动机采用前置中间的放置形式，而“Z连杆”后桥则是为Z系车型量身打造的一项独特的创新技术。在1985年就有人曾预见BMW Technik Gmbh团队将会做出一些惊人的举动，当时的领导人还创造了一句口号：速度快的将追过速度慢的。就这样，Z1在1987年法兰克福车展上的横空出世，由此揭开了宝马Z系的序章。

继 BMW Z1 之后，将宝马 Z 系推向一个全新高度的 BMW Z3 问世，并有多达 7 款的丰富车型。此外，Z3 还是第一款完全在宝马位于美国南卡罗来纳州斯巴达堡的新工厂制造的车型。Z3 的设计理念是将安全性、动力性、舒适性、运动性以及必不可少的传统集于一身。以上的要素与其定价策略相配合，意在吸引年轻消费者的眼球，为 Z 系车型打开一片市场，此时的宝马已经全力出击。1996 年 5 月，第一批宝马 Z3 被交付给为它自豪的车主，短时间内 Z3 跃升为同类中最畅销的车型。Z3 保持着经典的跑车风格——修长而圆润的发动机盖、低腰线和短短的车尾。经过改良，腰线在座椅附近达到最低点，然后在尾部明显上翘。车尾的设计焕然一新：行李箱盖经重新设计后更具独特风格，尾灯簇呈 L 形，呈现出简洁和现代的神韵，后保险杠与后轴轮距宽度相同。在性能上，可选发动机包括：1.8L4 缸发动机，带平衡轴，最大输出功率为 118 马力；2.0L 的直列 6 缸发动机，最大功率 150 马力；以及 2.8L 的直列 6 缸发动机，最大功率 193 马力。

看起来有些复古也有些另类的 Z8 诞生于千禧年，它吸收了上世纪 50 年代宝马 507 车型的设计元素。颀长的发动机罩、宽大的车轮，还有车身两侧动感十足的排风口，无不令人回忆起那美好的旧日时光。把车轮上的梦想变为现实的人们是那些充满激情与狂热的设计师和工程师，是他们联手创造了这样的杰作。在 Z8 的设计开发过程中，他们享有完全的自由来制造一款真正充满激情的双座跑车。这是专为驾驶乐趣和瞬间激情而诞生的、拥有慑人魅力的运动跑车：强劲彪悍与柔顺如水集于一身，领导时尚而又独一无二。它具备了创造又一汽车神话的所有资本。

评价宝马只需最普通的一句话：坚持就是胜利。多年来宝马汽车公司一直对自身进行着坚持不懈的完善，始终没有放弃过。尽管目前众多汽车公司不断崛起，宝马依然是非常耀眼的明星。

Mercedes-Benz

梅赛德斯-奔驰

百年经典的激情演绎

如果说梅赛德斯-奔驰的轿车是优雅的绅士，那么其跑车则是激情澎湃的骑士，它驰骋百年并屹立不倒，它一次又一次平息了谁是超级跑车真正主宰者的争论。

创始人

卡尔·本茨

戈特利布·戴姆勒

创始时间

1886 年

创始地

德国·斯图加特

奔驰 SL-Class

梅赛德斯-奔驰，是现代汽车的始祖和权威。梅赛德斯-奔驰将世界上第一辆汽车带到人间，将人类有关行走的梦想化为现实；它也将最好的跑车呈现在世人面前，创下了一个又一个有关速度的奇迹。如果说，跑车界诸品牌的知名度呈金字塔式分布，那么梅赛德斯-奔驰则可以说是这个金字塔的顶端，拥有它的人无疑是同类中的佼佼者。

自从奔驰制造了第一辆世界公认的汽车后，一百多年过去了，这期间，随着汽车工业的蓬勃发展，曾涌现出很多的汽车厂家，也有显赫一时的，但更多的都是昙花一现。到如今，能够经历风风雨雨而最终保存下来的，不过三四家。梅赛德斯-奔驰在经历了一次次浴火重生之后更加光鲜照人，更加超凡脱俗。目前在全世界，梅赛德斯-奔驰这一品牌拥有数百万名忠实顾客，他们拥有着上千万台梅赛德斯-奔驰轿车、跑车或越野车。这些人不愿驾驶其他任何品牌的汽车是因为他们对梅赛德斯-奔驰充满敬仰。

Mercedes-Benz

“我就是汽车的历史。”这是一句听上去有些狂傲的话，但世界上确实有一个名字可以担当得起这句话，那就是梅赛德斯-奔驰。一百多年前，卡尔·本茨和戈特利布·戴姆勒先后发明了现代汽车，并且以他们的名字命名的公司和品牌延续至今。从那时起，他们的历史也就成为汽车的历史。

有些故事只能称为历史，因为它在过去的某一时刻发生过，现在已经消亡；有些故事则可以称为活历史，因为它不但在过去发生过，而且一直把故事情节延续到现在。梅赛德斯–奔驰的故事是一部历史，更是一部活历史，以至于它可以自豪地宣布“我就是汽车历史”。这句话包含了两层含义：“最早的现代汽车来源于我，而且，现代汽车技术上每一项进步都隐藏着我的名字”。提起梅赛德斯–奔驰的历史，就不能不提到他们的创建者：卡尔·本茨和戈特利布·戴姆勒。

卡尔·本茨1844年出生于德国，在学生时代，他对机械原理产生了浓厚的兴趣，尤其偏爱研究热力发动机和蒸汽发动机。虽然在后来开办工厂的过程中屡次受挫，但他仍没有放弃希望。在1879年的前期，艰苦的研究终于有了结果——他发明了引擎。卡尔·本茨在汽车领域取得了许多专利，并于1883年创建了奔驰公司。

1885年，卡尔·本茨终于造出世界上第一辆汽车，并于1886年1月29日获得汽车制造专利，这一天因此成为世界汽车诞生日。这辆汽车是一个装有汽油机的“三轮汽车”，奔驰打破了因袭马车木制车架的老传统，采用了钢管焊接车架，用三辐条式轮子做车轮。车上装有一台单缸二冲程的汽油发动机，有效工作容积为1678毫升，转速为200转/分，功率为1.1033千瓦。车的前轮架于一个叉形结构上，类似于现在自行车的前叉，上面有转向手柄，用来操纵车辆转弯。这辆车还装有变速杆，这样就使得车子快慢自如了。虽然这辆车的速度只有16公里/小时，但和当时的主要交通工具马车相比，这个速度足以令人“窒息”。为了能使车子很快制动，卡尔·

作为奔驰车标的三叉星是奔驰尊贵、豪华、品位的象征。三叉星的制造有专门的工厂，它是位于德国莱茵兰州的威尔伯特。三叉星的制造极为严格，每一个三叉星都是工人们手工打磨光滑的。出厂前，妇女们戴着细腻柔软的手套，仔细检查三叉星上是否有细微划痕，不合格的三叉星将被“请出”。对所有的奔驰车主来说，三叉星不再是汽车装饰的一部分，而已经成为“奔驰”的标志。

本茨在转向手柄旁边装了制动手柄，其原理类似于自行车的车闸。同时，卡尔·本茨为使这辆车乘坐舒适，首次在车轮与车架之间放置了弹性钢板，这样可以减小路面不平带来的震动。

这辆三轮汽车被命名为“奔驰1号”。卡尔·本茨在制造过程中，由于技术尚不完善，汽车经常抛锚。他不断进行改进，但害怕别人嘲笑，从不公开驾驶这辆汽车。他的妻子贝尔塔见丈夫没有试驾的勇气，就对自己的两个孩子说：“你们的父亲没有勇气开这辆车，那么我们开。”次日清晨五点，贝尔塔悄悄带着孩子驾车出门了。她打算驶去100公里外的普弗尔茨海姆，这段路程她整整行驶了一天。由于她的勇气，汽车的作用被世人初步认识。在此后的几年中，卡尔·本茨又发明了一套全新的转向系统，这构建了今天四轮汽车的蓝图。1894年他推出了第一款奔驰“维洛（Velo）”系列轿车，这也是世界上第一辆量产车。到1900年，奔驰公司已经成为世界上最大的汽车制造商。1909年，奔驰制造了当时世界上最快的赛车。

梅赛德斯-奔驰开创了人类工业史上一个经久不息的传奇。这一品牌得到了诸如约翰·肯尼迪总统、英国女皇伊莉莎白二世、教皇约翰保罗二世等名人的青睐，梅赛德斯-奔驰也成为财富、权力和地位的象征。

奔驰 CLK

梅赛德斯-奔驰的另一位创始人是戈特利布·戴姆勒，他是世界上第一个四轮汽车的发明者，他和卡尔·本茨并称为“世界汽车之父”。戈特利布·戴姆勒是一位面包师的儿子，他从小爱好机械，曾在铁厂和机床厂当过学徒。技术学校毕业后，他学过枪支制造，也领导过一家煤气发动机厂。1872 年他受聘于奥托发动机公司，成为该公司的总工程师。1883 年，他发明了世界上第一台高压缩比内燃发动机，成为现代汽车发动机的鼻祖。戴姆勒发动机重量很轻，而转速却大大超过了奥托发动机，达到 750 转 / 分。同样是在 1886 年，戴姆勒在威廉·迈巴赫的协助下，在一辆四轮马车上安装了自己的发动机，这就是世界上第一台四轮汽车。1890 年，他在斯图加特创办了 DMG（Daimler-Motoren-Gesellschaft）戴姆勒汽车公司。

在奔驰和戴姆勒分别发明现代汽车后，两家企业开始把自己的产品推向市场，从 1887 年起，一种激烈竞争的格局形成了。早先戴姆勒公司的汽车名目繁多，这种现象一直持续到一位奥地利贵族提出的一则建议为止。

这个人名叫埃米尔·耶利内克，时任奥地利驻法国尼斯总领事，同时他也是一位富有的商人。当时他在报纸上了解到戴姆勒公司制造了一种性能先进的汽车，于是做了一次到斯图加特的旅行。在火车站，戴姆勒汽车迎接了他，这款名为“Doppel Phaeton”的车给他留下了很深印象，他当即决定买下一辆。但是他觉得这种 6 马力车的功率不够强大，于是他特别要求戴姆勒公司的首席工程师威廉·迈巴赫加大它的功率。一年之后，埃米尔下了更多的订单并成为戴姆勒公司的授权代理商。

1898 年，埃米尔订购了两辆戴姆勒“凤凰”牌轿车，并以他女儿的名字“梅赛德斯”为它们命名。他开着“梅赛德斯”参加了“尼斯-拉图别”山地赛并获得了第三名，他觉得是女儿的名字带来了好运，于是建议戴姆

富有喜剧色彩的是，在 1926 年戴姆勒早已去逝，本茨也已经 82 岁高龄了。然而造化弄人，这两位汽车发明巨匠虽然生活在仅距 80 公里的两座小城内，却从未见过一次面，这成为汽车史上的一大憾事。但他们的继承人不负众望，使两位伟人所开创的事业得以发扬光大。

勒公司用梅赛德斯命名它旗下所有的汽车。一则梅赛德斯的名字确实优美，二则戴姆勒公司也希望依靠这位奥地利贵族打开奥地利市场。于是双方一拍即合，梅赛德斯就成为了这一年所有戴姆勒汽车的名字。同时埃米尔针对在比赛中出现的事故，建议戴姆勒生产马力更大、更容易操控的汽车。于是戴姆勒公司在迈巴赫的领导下组织攻关，推出了“35 马力梅赛德斯”汽车。没想到这么一来，戴姆勒汽车销量大增，真的好似受了幸运女神的眷顾一样。从此，戴姆勒汽车就有了一个固定的名字——梅赛德斯。

Mercedes-Benz

梅赛德斯-奔驰代表的不只是一台有着精湛技艺的汽车，更是一种将极致奢侈与盎然情趣相结合的生活理念。这就是为什么其品牌价格居高不下，而仍被人们津津乐道的原因。它不单是一个艺术品，也是人们对尊荣生活方式的一种向往。

一战的战败大大影响了德国工业的发展，这一影响同样波及到德国的汽车工业，经济衰退使汽车销量大幅度下降。同时，在大西洋彼岸崛起了一个强大的对手——福特汽车公司，廉价的福特汽车充斥着德国市场。为了生存，戴姆勒和奔驰结束竞争走向合作。1926 年 6 月 29 日，这两家历史最悠久的汽车制造商终于合并为戴姆勒-奔驰公司，并开始生产梅赛德斯-奔驰汽车，他们各自的商标也被结合起来重新设计成为新的标志，这就是我们今天看到的形似方向盘的三叉星。1989 年，戴姆勒-奔驰公司改组为戴姆勒-奔驰工业集团，其汽车部改称为梅赛德斯-奔驰汽车公司。

Mercedes-Benz

在中国，Mercedes-Benz 拥有三个译名：最常见的是“奔驰”，此外，还有港译“平治”和台译“宾士”。后两个名字也许令其显得更加尊贵，但前一个名字却无疑是最恰当的——作为汽车工业的开创者，“奔驰”这两个字恰如其分地表达了人类对汽车这一现代工具的全部期望。

翻看戴姆勒-奔驰的历史，会惊奇地发现上面记载了那么多的第一。其中的一些广为人知，另一些则鲜为人知，但它们几乎涵盖了汽车的方方面面。梅赛德斯-奔驰对于汽车行业的理解以及其特有的文化底蕴，渗透到它涉及的每一个汽车领域，并帮助它成为各个领域中的佼佼者。市场较量中的成功自然不必多说，而在与汽车相关的另一块战场上，梅赛德斯-奔驰同样魅力无穷。这个展现奔驰魅力的战场就是赛车场。

第一次正式的汽车运动赛事发生在 1894 年，路线为巴黎到卢昂，全长 126 公里。有 21 位车手参赛，最终 15 位车手完成了比赛。在这次比赛中，“汽车之父”戈特利布·戴姆勒大获丰收，15 辆完成比赛的汽车中有 9 辆搭载着由他设计的引擎，而取得前四名的赛车均由其设计的 954cc V2 引擎所驱动。同为“汽车之父”的卡尔·本茨所设计的 Vis-Vis 赛车也参与了这场比赛。此次比赛所显示出的技术实力奠定了梅赛德斯-奔驰成为世界第一汽车品牌的基础。

1901 年，埃米尔·耶利内克驾驶着以其女儿的名字命名的“梅赛德斯”

法国政府规定，从 1906 年起，高速的汽车比赛必须在封闭的赛道内进行，其他对汽车提出技术要求的规定也相继出台，如 1934 年严格限制车重必须在 750 千克以内。当时，梅赛德斯-奔驰公司推出了一种 3 升的发动机，由于采用了昂贵的轻型材料，装备该发动机的奔驰赛车很轻，但是整车重量仍然为 751 千克，超出标准 1 千克。为了减轻车重，赛车手连夜将车身的油漆打光，车重刚好符合标准，车身也由原先的白色变成了铝色。此后，奔驰赛车都采用这种色调，这也是“银箭”的由来。今日的迈凯伦-梅赛德斯车队还保持着这个称谓。

赛车一举夺得了“尼扎赛车周”比赛的冠军。赛后，法国汽车俱乐部的秘书长保罗·梅昂说：“我们进入了梅赛德斯时代”。

二次世界大战后，梅赛德斯-奔驰恢复参加了汽车赛事活动。就在这段时间里，风光无限的鸥翼 300 SL 走进赛车场，从而开始了它的传奇运动生涯。在 1952 年的主要赛事中，300 SL 取得了一系列相当出色的战绩：在波恩的大普利克斯，300 SL 横扫赛场，包揽了赛事的冠亚军头衔，其出色的表现令人惊异；在著名的墨西哥 Carrera Panamericana 赛事中，300 SL 也取得了同样优秀的成绩。所有这一切宣告了梅赛德斯-奔驰重新回归赛车运动，续写其在二战前的辉煌。

1954 年首展于纽约车展并在同年进入量产的 300 SLR 鸥翼是一部具有传奇色彩的永恒经典，优雅的造型和风格独特的标准鸥翼式车门以及豪华精致的工艺水准让当时众多名流贵族为之倾倒，300 SLR 让人记忆犹新的是其采用了鸥翼式车门。尽管后来这种上掀式车门受到了安全等方面的质疑，但其海鸥展翅般的造型给跑车迷带来的享受却远非一般车门所能替代。三年间，300 SL 鸥翼只生产了 1400 辆，梅赛德斯使得鸥翼成为了世界上最稀有和奢华的量产车之一。

天才的汽车设计师鲁道夫·乌伦豪特在 1955 年制造出道路版的双门跑车 300 SLR Coupe 时，或许他本人也没有想到这款车会成为奔驰公司最经典的跑车之一。如今，近半个世纪过去了，梅赛德斯-奔驰复兴了奔驰 SLR 这个梦幻车系。1999 年的底特律车展上，他们展出了与英国迈凯伦公司合作的全新 SLR 车型——梦幻 SLR 概念车，在这款车上承袭了 50 年代 300 SLR 的经典元素：鸥翼式车门和无与伦比的速度快感。

2003 年梅赛德斯-奔驰推出了 SLR McLaren 车型，该车以空前强悍的动力和卓越的安全保护，成为了几代车迷的狂热梦想。排量 6 升的 SLR McLaren，0~100 公里 / 小时的加速时间仅为 3.8 秒，最高车速可达 334 公里 / 小时。SLR 超级双座跑车借鉴了 F1 “银箭” 赛车的设计风格，巧妙地运用了赛车领域的尖端技术和梅赛德斯的创新灵感，从而塑造出 21 世纪高性能跑车的鲜明形象：传统与创新的梦幻组合，被美国媒体誉为 “最佳梦幻汽车”。

2006 年梅赛德斯-奔驰推出了一款 “722 版” SLR 超级跑车（SLR McLaren 722），这款跑车是为纪念历史上著名的奔驰 300 SLR 赛车而诞生的，并由参赛号码得名。1955 年，英国车手斯特灵·摩斯和他的副驾驶员丹尼斯·杰克森驾驶着当时的奔驰 300 SLR 在意大利千里公路赛中一举夺魁。比赛从意大利北部城市布雷西亚出发，到罗马后返回。他们两个用创纪录的 10 小时 7 分 48 秒跑完了 1600 公里的赛程。摩斯驾驶并获得冠军的 SLR 赛车的侧身贴有为纪念早上 7：22发车的 722 的号码字样，现在这个奇怪的号码已经成为赛车历史上最著名的号码之一。

与标准版的 SLR 相比，SLR McLaren 722 的加速性能得到了极大的提升。一脚把油门踩到底，时间和空间都被 SLR McLaren 722 扭曲了。如果你有本事让你的头离开座椅头枕，你会发现远处的地平线仿佛近在咫尺。SLR McLaren 722 只用 3.6 秒就可以完成 0~96 公里 / 小时的加速，0~200

SLR 722 版是对梅赛德斯 - 奔驰 300 SLR 的一次致敬。很多超级跑车收藏者认为，722 是奔驰公司在全球富豪面前对保时捷和法拉利的一次挑战：“这是我们的经典产品，这次要给你们点颜色瞧瞧。”

722 确实有这个实力。它的动力来自一台机械增压中冷 5.4 升 V8 发动机，每台发动机在运到位于英国的迈凯伦组装厂之前，都要先在位于德国阿法特巴赫的 AMG 工厂进行纯手工的改装和升级，这样打造出的发动机最大功率为 6500 转 / 分时 641 马力，扭矩在 4000 转 / 分时可以达到 820 牛米。

公里/小时加速也只需要短短的 10.2 秒。即使你没有开车的天分也没有关系，有了机械增压带来的强悍扭矩、能够适时换挡的自动变速器以及牵引力电子控制系统，你要做的仅仅是用脚踩住油门踏板。伴随着速度提升的是它那如雄狮般的吼叫，那种声音能把方圆几公里范围内的动物都吓得落荒而逃。

有很多“特别版”的车除了增加车身上的徽标和一两种新的车身颜色外，与标准版几乎没有什么差别。而 722 却是让 SLR 有了质的飞跃——总共约 300 项的改进大幅提高了 SLR 的性能，有时候甚至能让人窒息。

一些明智的改进使得 SLR McLaren 722 不同于其他的超级跑车，这些正好迎合了社会名绅和狂热的超级跑车收藏家们的想法。车前端的箭头造型和车尾的设计使得车子在行驶时如同破空的利箭一样，这样的设计不仅符合空气动力学原理，而且能在车辆高速行驶时给予车身更大的下压力，从而加强了车辆的稳定性。再加上降低了 10 毫米的车高，与专用的 19 英寸轮毂，让原本就已霸气凌人的 SLR 更多了几分杀气。桶形的赛车座椅及来自意大利的 Alcantara 材料的皮革软垫给驾驶者提供了良好的横向支撑，粗绒面革内衬的方向盘、精准的换挡杆以及整体上炭黑色的内饰都散发着纯正欧洲血统跑车的气息。

梅赛德斯-奔驰话题到此还没有结束，已走过了百年长路的梅赛德斯-奔驰以它无限的生命力，创造了汽车史上无数个第一，在遥遥的汽车长路上，让“奔驰”继续奔驰吧！谁又能阻止它的脚步呢？

奔驰 CLK GTR

梅赛德斯-奔驰 CLK GTR

1994 年国际汽车运动联合会启动了一个新的国际 GT 汽车比赛级别，命名为 GT1。参加这个级别的比赛几乎没有任何限制，不过参赛的车厂要至少生产一台该车型道路版本的车型。梅赛德斯-奔驰和 AMG 一起进行了车辆的设计，而且是先设计比赛用车，然后再生产公路版本，从设计到生产仅仅用了 128 天。梅赛德斯-奔驰将 1997 年法兰克福的车展作为 CLK GTR 首次亮相的舞台。见到 CLK GTR 的人都会被它吸引住。它的车身很低，几乎贴在地面上，如果不注意它的车辆号牌，人们肯定会以为它就是辆参加勒芒车赛的赛车。它以碳纤维做车身，通体闪着银色光芒，低斜流畅的车身，无论从哪一个角度看过去都让人惊叹，巨大的 18 英寸 23 辐车轮更给人留下深刻印象。展会后，有大约 200 张 CLK GTR 的订单飞向 AMG，而当时这款车的报价尚未出炉。

CLK GTR 一诞生就取得了成功，在有着高超技术的驾驶员伯尔德·施奈德和克劳斯·路德维希的驾驶下，CLK GTR 取得了一次又一次的胜利。在 1997 赛季的最后，施奈德被加冕为世界冠军。在 1998 的首场比赛里，参赛的两台 CLK GTR 都获得了胜利。

CLK GTR 公路版本搭载了一部 V12 6898 毫升排量、最大功率和扭矩分别为 612 马力和 774 牛米的发动机，这可以说是真正的赛车发动机。像大多数赛车一样，它安装在驾驶员的身后，对油门踏板的反应却比其他任何车都灵敏，右脚只要稍稍用一点力，它就能让驾驶员腾云驾雾般飞起来。

公路版 CLK GTR 轿跑车共生产了 20 辆，由于其驾驶舱较小，不适于一般驾驶，所以就催生了敞篷版的车型。CLK GTR 敞篷版仅生产了 5 辆。敞篷版的奔驰 CLK GTR 仍然保持了 1998 年版 CLK GTR 轿跑车的动态外貌，比如相同的极具霸气的前扰流器，锋利的车门，巨大的尾翼，还有标准的 CLK 式的车头以及尾灯。由于没有车顶和侧窗，车侧装有特别设计的导流板，能够有效地抑制进入车内的乱流。

梅赛德斯-奔驰 CLK GTR 是当时最昂贵的量产车，价格高达 175 万美元，抵得上 10 辆法拉利 F355 F1、16 辆保时捷 911 或两辆麦克拉伦 F1。尽管 CLK GTR 的产量极少，一共只有手工制造的 25 辆，但它仍属于量产车。这 25 辆 CLK GTR 全是按客户的订单定做的。

梅赛德斯-奔驰 CLK GTR 参数

长×宽×高：4855×1950×1162mm

轴距：2670mm

引擎：60° V12

驱动：纵向中置，后轮驱动

排量：6.898 升

气门：每缸 4 气门，DOHC

供油：燃油喷射

进气：自然进气

变速：6 速手动

功率：456.6 千瓦/6800 转

扭矩：770N·m/5250rpm

轮胎尺寸：前 295/35ZR18、后 345/35ZR18

最高时速：307km

0~100 公里/小时加速时间：3.8s

极速：320km/h

世爵

陆地战斗机

从皇家马车制造商到超级跑车生产商，这个拥有“欧陆的劳斯莱斯”美誉的顶级跑车品牌，执著于手工打造独一无二的经典，年产量50辆足以满足任何人对唯我独尊的追求。

创始人

雅克布斯·世派克
亨德里克·让·世派克

创始时间

1898 年

创始地

荷兰·阿姆斯特丹

如果你对荷兰的印象还仅仅停留在郁金香、木屐和风车上的话，那就有点落伍了，因为除了这些，荷兰还出产世界上最昂贵的跑车，那就是世爵。作为汽车的先锋品牌，世爵以量产高性能豪华跑车闻名于世，在 20 世纪 20 年代享有的空前声望甚至超过劳斯莱斯。世爵的这种高贵血统形成于 19 世纪末，那时，作为荷兰最著名的马车商，世爵为荷兰女王的加冕仪式献上了大名鼎鼎的“黄金典礼马车”，从此世爵与皇室贵族结缘。

一战期间，世爵开始制造战斗机与航空发动机。后来，这种背景给其造车艺术带来无限的灵感，也使世爵跑车得到“陆地战斗机”的美誉，见证了它的速度、力量、胆识与气魄。早在 1903 年，世爵推出世界上第一辆

拥有6缸发动机和恒时4轮驱动、4轮制动的汽车。1922年，世爵C4在英国布鲁克兰赛道上打破了保持15年之久的双12小时耐力赛纪录，引来无数喝彩。

与其他跑车品牌相比，世爵的历史更富有传奇色彩。从1925年到2000年，它经历了长达75年的沉寂，而当"世爵"这个名字快要淡出人们的脑海之时，它又携C8 Spyder东山再起，在伯明翰车展上一举获得"专业小批量汽车生产商设计大奖"。C8 Spyder是如此强悍钢劲，在李连杰主演的好莱坞大片《恶棍》中，它成为国际动作明星的座驾，表演惊险刺激的飞车场景，令全世界车迷心醉不已。后来的C8双12R与C8双12S也不负众望，345公里/小时的极速、620马力的最大功率，使其分别成为赛道与公路上耀眼的速度双星。

世爵号称全世界最贵的跑车之一，它的多项指标采用F1标准，绝非常人所能拥有。无论车主的要求怎样苛刻，世爵都会尽心尽力按照顾客需求手工打造。据有关资料显示，目前世爵车主一般都拥有上亿美元的资产，平均拥有15辆其他汽车。而在他们眼中，世爵跑车是永恒的收藏品，流动的艺术品。世爵于毫不逊色的运动风格中将豪华与舒适演绎到极致。

世爵 C8

世爵 C12

一个为荷兰女王打造过“黄金马车”的跑车商，一个在一战期间生产战斗机的跑车商，这就是世爵——一道了不起的风景。它带着“执著强悍，畅行无阻”的口号呼啸而过，它的奢华与速度无车能及。

世爵是个拥有百年历史的老牌子，早在1880年，马车制造商雅克布斯·世派克和亨德里克·让·世派克兄弟两人就在轰轰烈烈的工业革命中开始了他们的四轮马车制造生涯。多变的经营策略和出众的产品使他们只用了十年时间就成为了荷兰最大的马车制造商之一。为了提高竞争力，世派克兄弟在马车制造上应用了多种新结构和技术，使世爵产品具有光亮的外观和耐久的特性。正如世派克兄弟自己说的那样：“我们的马车不仅为荷兰最有品位的人生产，同样也为那些海外的王公贵族和重要首脑服务。”这句话充分证明了世爵的制造理念，而且在他们后来的汽车制造业中更体现了这个宗旨。

日益崛起的汽车工业令世派克兄弟又看到了另一个伟大的发展前景，他们决心在相对保守的时代跨入汽车制造行业。1898年，他们在阿姆斯特丹成立了一家名为NV Industriele Maatschappij Trompenburg的公司。同年，世派克兄弟将进口的奔驰汽车加以改型创造出新的产品“世爵-奔驰”车型，标志着两位荷兰的汽车先锋已经朝着大规模制造汽车的目标进发了。这辆使用奔驰发动机的汽车的高超车身制造技术立刻为他们赢来了阵阵喝彩。正是从那时候起，世派克兄弟进入了他们职业生涯的转折点——将世爵公司完全投入到汽车制造业中。为了更加适应国外市场，他们将自己的姓氏“Spijker”中间的“ij”改为“y”，此后公司名称改为Spyker——世爵。

一战期间，世爵开始寻求多元化生产模式，与荷兰飞机制造股份公司合并，生产了100架战斗机和200台航空发动机。1915年，世爵提出“执著强悍，畅行无阻”的口号，并沿用至今。一战结束后，世爵恢复了汽车生产，其中最著名的是世爵C4，它拥有特别制造的引擎，出自德国传奇工程师威尔海姆·迈巴赫之手。C4是具有超强马力和高可靠性的豪华汽车。在1921年，一台标配的C4打破了耐力赛记录，持续行驶36天，行程30000公里。一年以后，著名车手埃哲驾驶C4以平均119公里/小时的速度刷新了英国布鲁克兰的双12小时耐力赛纪录。

1922年时，因经济等原因，世爵公司不得不申请破产。接下来几年间世爵的所有权经历了几次变动，直到1925年零件和资金被耗费殆尽，公司终于中止了经营和生产，由此进入一场沉睡，曾经的辉煌尽皆湮没在时间的洪流之中。幸运的是就在人们快要将“世爵”这个名字从记忆中删除的时

1915年，世爵推出了公司标识，即由一个水平的飞机螺旋桨穿越镌刻公司座右铭的辐轮。之所以要加上一副飞机螺旋桨，主要是因为世爵公司有制造飞机的一段历史。毕竟飞机上所使用的一些性能够合理运用到现在的汽车制造当中，尤其是空气动力学在跑车制造当中是非常重要的。它体现了企业的箴言：执著强悍，畅行无阻。另一方面它也体现了世爵企业的哲学，公司希望为世爵的车主制造出全球最先进、设计最独特的跑车。

世爵 C8AileronGT 参数

引擎：V8

排量：4163 毫升

功率：400 马力

最大扭矩：480 牛米

最大转速：7000 转 / 分钟

重量：1425 千克

轴距：2677 毫米

车长：4561 毫米

车宽（不含后视镜）：1910 毫米

前轮距：1650 毫米

后轮距：1650 毫米

车高：1214 毫米

油箱容积：70 升

最高时速：300 千米 / 小时

0~100 千米 / 小时加速用时 <4.5 秒

顶级

镇牌之宝

世爵 C8 Aileron GT

在 2008 年的日内瓦车展上，世爵发布了搭载 V8 引擎的第二代 C8 Aileron GT 跑车，向世人展示了它独特的跑车风范。

新款的 C8 Aileron GT 继续沿用铝制车身，车体外壳原型由全球手工技术最精湛的英国手工技师们倾心完成。通常只有少数顶级跑车才会采用“剪刀门”这种车门开启方式，而每辆世爵车都装有电控剪刀车门，它们都是由极坚固的轻质铝合金单点铰链连接。C8 Aileron GT 的前后可调节不锈钢独立悬挂采用了 F1 的技术，它和 DUNLOP 的超级跑车轮胎配合起来，使车子在以 300 公里 / 小时以上的速度行驶时依然有足够的抓地力。

同任何一辆世爵一样，C8 Aileron GT 的个性特征通过非比寻常的内饰展现出来。豪华与高性能被充分压缩到座舱中，大量的高品位铝饰和顶级的皮革相得益彰。在极富运动气质的外表下，世爵 C8 Aileron GT 的豪华内饰令人惊讶，高贵的气质自然流露。

动力系统方面，C8 Aileron GT 搭载的是一台取自奥迪的 4.2 升 V8 引擎，每缸 5 气门，最大功率 400 马力，与之相配的是一台 Getrag 开发的 6 速手动变速器。如果车主愿意，还可以配备 ZF 的 6 速自动变速器。C8 Aileron GT 的标配非常丰富，包括双氙气大灯、蓝牙设备以及带有 GPS 卫星导航功能的音响系统，它还可以连接 iPod 播放器。您在驾驶世爵 C8 Aileron GT 时不仅能感觉到强大的动力和更多的舒适性，同时还能享受到无与伦比的驾驶乐趣。

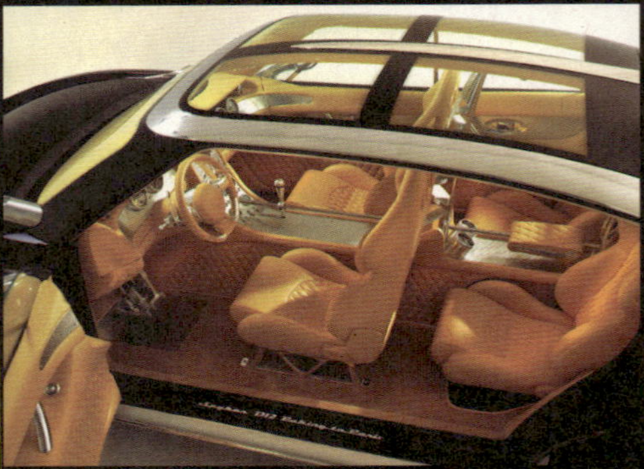

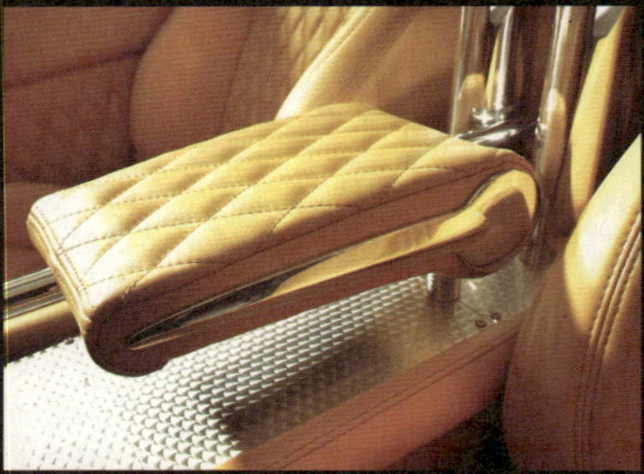

候，它带着经典的C8敞篷型跑车重新出现在2000年的伯明翰车展上，并立即获得了“专业小批量汽车生产商设计大奖”。21世纪，世爵的名字重新进入汽车制造行业，并成为高科技、超豪华、独一无二和极为可靠的汽车的标志。

今日，世爵仍延续着其辉煌历史，并继续与尊贵、风尚结缘。世爵C8敞篷型、C8 Laviolette、C8双12R屡次获得工业设计大奖与展会大奖。2004年，在汽车业界获得荣誉无数的世爵接受了更高级别的品牌地位鉴定——世爵因为“丰富的想象力、大胆创新和坚定不移的品牌追求”，而与凡·高、伦勃朗的绘画作品一样，被列为荷兰国家文化遗产。正如全球世爵车主与世爵爱好者所表述的那样，世爵不仅仅代表性能卓越的跑车，更是一种文化精神的典范。

如今，制造战斗机的灵感依然在世爵跑车上无限延伸，无论是经典的C8 Spyder还是在电影《第六感追缉令2》中飞驰的C8 Laviolette，它们侧面及顶部的空气进气口俨然就是飞机造型的翻版，前卫而充满力量。

世爵一向拥有纯正的运动风格，它在赛道上的尝试给公路版跑车的制造带来很多灵感。2000年世爵推出了惊世骇俗的C8敞篷版（C8 Spyder）。这款体重极轻、中置引擎的超级豪华跑车立即在车坛掀起一股“世爵热潮”，并开始频频出现在许多大型国际赛事上，包括著名的勒芒24小时耐力赛、勒芒1000公里系列赛以及国际汽联大奖赛，成就非凡。以百万富翁为主要读者群的美国杂志《杜邦注册》的“最畅销商品购物指南”将C8 Spyder评选为“2006年最富有激情的车型”。这个评比通过对全球100多款最畅销最知名

汽车的性能、设计以及在富豪心目中的位置进行筛选。最终世爵 C8 Spyder 脱颖而出，成为优胜者。到了 2005 年，世爵将 C8 Spyder 改装为 C8 Spyder GT2R，参加了欧洲勒芒系列赛和 FIAGT 赛，成为近 35 年来首款参加勒芒赛的敞篷赛车，并取得了优异的成绩。世爵通过参加大量赛事来测试各项革新技术在实际车型 C8 Spyder 中的应用，以期制造出更加卓越的跑车。

继 2000 年 10 月 C8 Spyder 在英国汽车展上获奖之后，C8 Laviolette 在 2001 年 2 月的阿姆斯特丹汽车展上推出。这款精致的跑车带有玻璃顶棚，让人联想到喷气战斗机，装有世爵独有的飞机专用空气进气口，与 C8 Spyder 相似。可以让空气进入引擎区。C8 Laviolette 是不可多得的银幕之星，它在 2005 年 5 月参加了电影《第六感追缉令 2》的拍摄。作为全球最尊贵的跑车，世爵不仅以超强的性能增加了电影的视觉冲击力，更使全球车迷有机会观赏到“陆地战斗机”飞驰在伦敦街头的美妙场景。后来，为纪念该车首次与电影成功合作，世爵推出了 C8 Laviolette 的限量版，搭载

北京富尔大厦世爵专卖店的展厅里停放着两辆展品：C8 Laviolette 和 C8 Spyder。它们在那里静静地停放着，冷清的氛围却无法遮挡由车身散发出来的富贵豪华的光辉。世爵专卖店的装修由荷兰设计师精心打造，自动门随时关闭。空间不算宽敞，类似机舱，是依照荷兰国王专机的标准设计的。因此，普通的汽车爱好者也就只能隔着展厅的玻璃窗远距离地欣赏了。

奥迪 V8 铝合金发动机，最大功率 400 马力，0~100 公里／小时加速可在 4.5 秒内完成，极速达到 300 公里／小时，全球限量生产 25 台。

世爵 C8 双 12R 在 2001 年 9 月的法兰克福国际汽车展上首度亮相。它是一辆完全由手工打造的全铝赛车，专为一些重大车赛而开发，并在 2003 年首次参加著名的勒芒 24 小时终极耐力大赛时，就获得了同级别第 10 名和总排名第 30 名的优异成绩。时隔 80 多年，人们终于又一次看到了世爵飞驰于赛道的身影。就在 C8 双 12R 诞生六个月后，其公路版 C8 双 12S 在 2002 年 3 月 21 日问世。当天，世爵荷兰希沃德新工厂的揭幕仪式赢得了荷兰皇家和全球名流的喝彩。

世爵 C8 是先进的中置引擎双座跑车，车身以轻量化结构和纯粹的跑车设计元素为特色，同时采用新工程技术防划伤。超强车架全部采用铝合金一次压铸而成。车体外壳由英国手工技师们精心打造。每辆世爵都装有电控倾斜上扬车门，由极坚固的轻质铝合金单点铰链连接。前后车体可完全打开以便于维修。前后可调节不锈钢独立悬架采用了 F1 的技术，它和超级跑车轮胎配合起来，使车子在以 300 公里／小时以上的速度行驶时依然有足够的抓地力。由于速度太快，车上的很多部件在设计时都考虑了空气动力学因素，比如C8双12R的车底是水平的，而双12S的车底甚至用上了飞机外表才有的扩散器和文氏管。

世爵C8的Spyder、Spyder T和Laviolette等车型都采用了奥迪的40气门4.2升V8发动机。所不同的是Spyder T和Laviolette装的是自然进气发动机，最大功率298千瓦，0~100公里/小时加速时间为4.5秒，最高车速300公里/小时。Spyder T的发动机则来自奥迪S8，这款双涡轮增压发动机可发出331千瓦的功率，相应的，车子的最高速度能达到320公里/小时。C8的顶级车型双12配备了更强劲的4.0升发动机，其功率最高可调到456千瓦，最高车速345公里/小时——比F1还快！

普通机器生产车辆平均的生产时间为十几到几十个小时，而每辆世爵车的生产时间则要以数百工时计算：一个方向盘的制作需10个小时，驾驶舱内的全真皮内饰需92个小时，制作一辆C8 Spyder需要550个工时以上，而C8双12S则需要720小工时以上。如此精致的工艺流程，可想而知世爵跑车的车主必然是眼光独到的汽车鉴赏家。世爵跑车体现了成功人士的一种将极致奢华与时尚休闲相结合的运动理念，也应和着人们对一种尊贵生活方式的向往。

在订购世爵之后，该车的身份标识——底盘的编号，也就和车主对应起来了。车主可以通过厂方提供的个人网页获得该车各个重要部件的信息。在制造的过程中，该车的制造单会随时更新，所以车主能够及时跟踪自己订购汽车的制造过程和维护历史。通过工厂的个性化网页，车主还能24小时跟踪爱车组装的每一个步骤，获得绝对第一手的汽车资料。车主还可以根据个人喜好和品位即时更新配置。在当今整个汽车行业中，唯有世爵可以提供如此个性化的服务。

布加迪

无法超越的极致

布加迪是古典艺术的表达者，更是现代科技的先驱。它带来的是舍我其谁的自豪感与毫不妥协的运动风格。驾驶一辆布加迪跑车纵情天地之间，体验动力澎湃的快感是某些人一生的梦想。

创始人

埃多尔·布加迪

创始时间

1909 年

创始地

法国·莫尔斯海姆

布加迪 studio

布加迪是真正意义上的跑车，它以出色的造型和震撼人心的性能征服了世人的心。100年前，满怀艺术热忱的创始人埃多尔·布加迪赋予布加迪车高贵的血统，并传承至今。在世界跑车王国里，布加迪不仅有令对手望而兴叹的速度，还是一座无法超越的艺术巅峰。无论何时何地，驾驶布加迪都能享受在风中疾驰的快感，享受穿越阳光的自由之旅。

也许普通人对布加迪的理解仅仅停留在最大功率1001马力、极速407公里／小时、0~100公里加速时间2.9秒、价值140万美元的布加迪威龙身上。的确，这款2004年问世的“世界最快的跑车”的意义已经超出了“汽车”的范畴，成为了科技领域的奇迹。它甚至可以将舒马赫的F1法拉利甩在身后。然而，很多人可能都不了解，布加迪一向有创造奇迹的传统。早在20世纪20年代，布加迪T13就是勒芒赛上的霸主。到了30年代初，T35已经为车厂赢得了超过1000场比赛的胜利，这其中包括从1925年连续五年蝉联最著名的塔加弗罗里奥汽车大赛冠军。赛车场上的辉煌岁月为布加迪跑车铸就了永不言败的气概，而完美的造车技术又使其在当今车界成就非凡。

布加迪创造性地在赛车曲轴上采用滚珠轴承，从而大大提高了发动机的转速；布加迪打造出世界上第一辆拥有18个汽缸发动机的超级跑车EB118；布加迪的线条像健美运动员的肌肉那样夸张，浑身的劲道仿佛一触即发；布加迪一直争取行进得更快更好……当然，在规模化生产大行其道的今天，布加迪显得有些保守，它的跑车限量生产。物以稀为贵，一辆极品布加迪的售价甚至是法拉利的三倍。如果“昂贵”也可以为“梦想”增添一抹亮色，那么布加迪就是最美。

埃多尔·布加迪确实是打造赛车的行家里手。1924年8月的里昂国际汽车大奖赛上，有六辆布加迪参赛，其中埃多尔的杰作T35开得太快了，远远超过其他对手，险些在初赛就创造最高车速纪录。

布加迪的历史可以追溯到近100年前，这个品牌源自创始者的姓氏，一位对汽车艺术充满激情与灵感的工程师——埃多尔·布加迪。埃多尔·布加迪1881年出生于意大利米兰，祖父是建筑师，父亲是著名的画家、雕塑家和木匠，

艺术家出身的布加迪为了追求机器与艺术的完美结合，以自己的姓氏为名创办了布加迪汽车公司，并将自己的姓氏大大地写在车标之中，用轴承滚珠包围起来，并以红色为底色，希望公司能永不停转。

400

他设计制作的家具至今仍在纽约大都会艺术博物馆中展出。

埃多尔18岁便进入普里内蒂斯图基车行工作，学习三轮车的设计制造，并在这一年里开始参加国内赛事，获得各种车赛冠军。据说埃多尔头十次的比赛中仅有一次败绩。从此，他就对速度心醉神迷。1906年，埃多尔决定为自己设计一款轻便车。被称为“T10”的这辆车完成于他家中的地下室，组装完这辆小车，他又不得不将其拆除，以便从地下室中移出。布加迪曾经专程把这辆4汽缸、1.2升的小车展示给著名的法国飞行家路易斯。由于受到路易斯飞跃英吉利海峡壮举的鼓励，布加迪坚定了创造品牌汽车的志向。

1909年，埃多尔实现了自己的梦想，他在当时属于阿尔塞斯的莫尔斯海姆建造了车厂，一面设计“标致贝贝”小型车，一面制造装用直列式4缸、排量1208ml发动机的T10型车。1914年，布加迪又研发出以装备马蹄形散热器护栅为特征的、钢丝辐轮式车轮的T17型车，车速为110公里／小时。

1919年，布加迪车厂迁至法国莫尔塞姆市。第一次世界大战期间，埃多尔布加迪在美国为杜森伯格汽车公司设计制造了直列式8缸、功率410马力的发动机。1920年起又先后研制出装有4缸16气阀小型发动机的赛车T22和T23。布加迪在赛道上

布加迪 Type

私人赛手为布加迪在各种赛事上累积了更多的胜利纪录。如果布加迪没有派车出现在某一赛事中，那么肯定有一名私人赛手驾驶着布加迪冲在最前方。这些辉煌的赛绩成为最好的广告，向世界证明了布加迪的品质和速度。

创造着一个又一个神话。1920 年，T13 在法国勒芒 24 小时汽车大赛中获得奇迹般的胜利为布加迪赢得了赛道霸主地位。一年之后，在意大利中北部的工业城市布雷沙举行的锦标赛中，布加迪小巧的 16 阀赛车包揽了第一到第四名的所有奖项。因这一非凡的成功，这些特别的跑车被冠以“布雷沙”的称号。1922 年 4 月，第一部 8 汽缸的赛车 T29／30（它因瘦长的车体设计经常被通俗地称为“雪茄”）在法国布特拉斯堡举行的 A.C.F.锦标赛中，获得了第二名的佳绩。

埃多尔·布加迪的杰作 T35 最初亮相于 1924 年 8 月的里昂国际汽车大奖赛，当时有 6 辆布加迪参赛。比赛中，布加迪 T35 开得太快了，远远超过了其他对手，险些在初赛就创造最高车速纪录。但由于当时车队使用的轮

布加迪 EB110

布加迪威龙

胎硫化技术还不过关，致使赛车在中途爆胎。这次意外的失败并没有阻挡布加迪横扫汽车赛事的步伐，布加迪在当时几乎是所向披靡，从 20 世纪 20 年代中期到 30 年代初期，它是多数锦标赛的赢家。据统计，布加迪 T35 取得了超过 1000 场比赛的胜利。1925 至 1929 年的 5 年间蝉联当时最著名的塔加弗罗里奥汽车大赛的冠军。布加迪 T35 能取得如此辉煌的胜利得益于埃多尔一些创造性的设计，比如他在曲轴上采用滚珠轴承，虽然在每次比赛后轴承都要更换，但这种设计却大大提高了发动机的转速。布加迪 T35 的发动机转速可以达到 6000 转 / 分，这在当时是任何汽车发动机都难以企及的转速。

TOP SPEED
PRNDS
1/min x 1000
2 195
miles
BUGATTI
Power/PS

布加迪的香水要价5000美元，布加迪的手表要价20万美元，而布加迪的威龙跑车要价170万美元。当我们看到法拉利的跃马图案随处可见，只要花高价钱就可以买到的时候，布加迪则显得更加保守，他们的汽车限量生产。

20世纪30年代的时候，布加迪在锦标赛中的辉煌岁月已逐渐远去，但完美的设计工艺却让它声名鹊起。T50、T55与T57都成为车迷心中的永恒记忆，它们的设计者正是布加迪的天才儿子让·布加迪，他那超越时代的前瞻设计风格征服了世界车坛。最能显现让·布加迪的汽车设计天赋的型号是T57S／SC，他改进了T57S的底盘，并在T57SC发动机设计中采用了涡轮增压技术。T57可以说是布加迪车厂的巅峰之作，经典程度至今无车能及。

1939年8月11日，无情的命运给布加迪家族致命的一击。30岁的让·布加迪风华正茂，整个欧洲都在期待着他更令人兴奋的设计。但在测试刚刚于法国勒芒大赛夺魁的T57C时，为了躲避一名突然出现的骑车人，让不得不在高速行驶的状态下急转弯，以200公里／小时的速度撞到一棵树上，当场失去了年轻的生命。这个事故为布加迪汽车史划上一个苦涩而血腥的中止符。两个星期后二战爆发，德军占领了法国的布加迪车厂，埃多尔本人因坚持意大利国籍而受到入侵者的迫害。1947年7月，这个纵横车坛近半个世纪的汽车设计师于法国东北部的纳意苏深市寂然离世。

从1910年至1939年，布加迪车厂共生产了7850辆布加迪车。作为古

1927年至1933年间，在生产皇家T41型豪华轿车“洛瓦亚尔”时，埃多尔·布加迪居然用真金白银打造车身。这种近乎疯狂的举动让这款车卖到了同样令人疯狂的4.2万美元，而同一时代的顶级劳斯莱斯售价是1.9万美元。布加迪T41仅生产了6辆，由于稀有和珍贵，这款车成为有史以来最昂贵的老爷车。1989年一辆布加迪T41曾拍卖到1000万美元。

布加迪 Type

典老式车中保有量最多的汽车之一，布加迪车型在世界多个著名汽车博物馆中都可以看到。其做工精湛，车身造型新颖流畅，乃至发动机的配置都独具特色。只要对汽车多一些了解的人就会知道，布加迪曾经是世界汽车史上一道最亮丽的风景。

当年，埃多尔·布加迪被车迷们称为“魔术师”。他不仅生产豪华的旅行跑车，还出售不做任何修改的赛车，没有任何一个参加锦标赛的制造商敢这样做。布加迪将赛车领域中取得的巨大成就成功地转换成商业价值。

1956 年，埃多尔·布加迪的公司在他去世后不到十年破产。1989 年，一位名叫罗马诺·阿蒂奥利的意大利汽车经销商购得了布加迪品牌的使用权，并在莫迪那生产挂布加迪牌子的超级跑车，从而将这个神圣的品牌带入崭新的发展纪元。1991 年，为了纪念埃多尔·布加迪诞辰 110 周年，新的布加迪车厂推出了最新力作 EB110 系列，其中“EB”是埃多尔·布加迪

（Ettore Bugatti）的首字母缩写。

EB110是20世纪90年代初世界上最昂贵的量产车之一。其中EB110 GT表达了车厂对创始人埃多尔的怀念之情，而EB110 SS则诠释出精彩的超级运动概念——650匹马力的最大功率，仿佛要超越一切、征服天下。

EB110 GT是全球第一辆使用非金属车架的车型，搭配V型60夹角12缸引擎，虽然排气量只有3.5升，但在涡轮增压器的策动下，可达到560匹的峰值马力输出。EB110 SS是EB110 GT的高性能版本，功率更是达到650匹马力，“SS”为“Super Sport”的缩写，意味着超级运动概念。从1991年到1995年，布加迪共生产了128辆EB110，其中GT型95辆，SS型31辆，另外两辆则是车厂专门为1994年和1995年参加利曼赛事的私人车队打造的。EB110的车主名单上有不少名人，甚至包括车王舒马赫。

1998年，德国大众公司购买了布加迪的商标权，正式将布加迪纳入大众集团。布加迪在一片唏嘘声中进入了一个新的阶段，成为大众旗下超过兰博基尼的高端品牌。同年，在巴黎国际车展上，大众推出装有18个汽缸发动机的布加迪EB118。EB118是一款大型豪华双座敞篷跑车，由意大利著名的设计公司设计，大师乔治亚罗亲自主持。第一个数字“1”意为“世界上第一辆”，“18”指发动机有18个汽缸，“EB118”这个名字的涵义不同凡响，即“世界上第一辆拥有18个汽缸发动机的超级跑车”。

在EB118推出5个月后，大众又在日内瓦车展上向世人展现了EB218的风姿。EB218的外形完全是古典美学与现代美学的完美结合，而最大408千瓦的功率和650牛米的扭矩足以令任何对手望而却步。EB218采用当今最

先进的全铝框架式构造，车厢内充满和谐、舒适与精美之感。方向盘、仪表板、变速杆手柄和其他装饰件都用到了抛光胡桃木。仪表板上镶嵌的仪表、中心钟表的指针以及四周边缘都镀了金，让人想起古老而经典的瑞士金表。每个座位和仪表上都印有布加迪“EB”标记。

目前，归于大众旗下的布加迪主要拥有 EB118、EB218、威龙、奇龙等几款车型，布加迪车身新颖流畅，内饰上处处体现着高贵不凡和豪华舒适，最突出的特点是每辆布加迪都装备了非常强劲的发动机。

在 2004 年日内瓦车展中公开的 EB16.4 威龙原型车震惊了世界车坛，成为无可比拟的工艺以及梦幻般设计的最佳代言者。“威龙”诞生于法国莫尔塞姆的布加迪工厂，名字取自曾经驾驶布加迪 T57 赢得 1939 年利曼桂冠的皮埃尔·威龙（Pierre Veyron）。布加迪威龙堪称迄今为止最为强大而又最为完美的跑车：最大功率 1001 匹马力，极速 407 公里／小时，百公里加速 2.9 秒，价值 100 万欧元……很难精确描述驾驶这款车的感受，因为根本没有和它同档次的车型可以作为参照。也许很多人会公然质疑制造如此强劲功率和超大速率的汽车是否有必要，也许他们不了解也不明白，事实上威龙更是一个科技成就。人类一直在努力争取能行进得更快，设计得更精巧。

如今，布加迪依然是当代车坛上一个叱咤风云的名字。驾驶布加迪是挑战，也是绝对的享受，在发动机令人兴奋的轰鸣声中，它带给人们的是热血沸腾的激情，是疾驰的快感，是可以抛开所有顾虑与迟疑的气宇非凡。

顶级

镇牌之宝

布加迪威龙

自从正式归于大众旗下之后，布加迪连续推出数款堪称经典的概念车。在 2002 年的日内瓦车展上，一辆世界上行驶速度最快、最昂贵的跑车面世，这就是布加迪强力推出的惊世之作——布加迪威龙（Bugatti Veyron）。威龙助布加迪重拾昔日光辉，雄踞当今顶级跑车的巅峰。于 2005 年 9 月量产布加迪威龙，被称为是大众最疯狂的计划。在《福布斯》2006 年世界最昂贵汽车排行中，它以 140 万美元的售价居各系名门跑车之首。

布加迪威龙的车身由高硬度碳纤维打造，外加铝合金强化。独具匠心的车身造型设计，加上如梦如幻的色彩搭配，使得其具有魔幻般的魅力，让人深陷其中而不能自拔。它的最大功率能飙到 1001 匹马力，是全世界唯一一款超过千匹马力的车。如此无可匹敌的动力性能，使布加迪威龙成为新世纪初跑车家族的霸主。

驾驶室里皮革包裹、胡桃木修饰的仪表盘豪华精致，内饰体现了古典的布加迪风格。腰线很高，坐在驾驶座上看不到任何前部车身，但是对正前方道路的视角却宽而清晰。

威龙强劲的动力源自它使用的大众研发的 16 缸 64 气门引擎。其动力经过 7 挡顺拉式半自动变速器传递到车轮，短短 3 秒内就能达到 100 km 的时速，从静止起步加速到 300 千米的时速所需的时间不超过 14 秒，极速甚至能达到令人难以置信的 406 km／h。

集超大马力和超豪华于一身的布加迪威龙 16.4 跑车全手工打造，具有世界顶尖的动力性能。当今最时尚的外观设计，豪华精致的内饰，以及享誉世界的盛名，当然还有不菲的价格，共同构成了这款具有超凡霸气的奢华杰作。

布加迪威龙参数

发动机：W 型 16 缸发动机，带 4 个涡轮增压器

车身：双门双座

排量：7993cc

功率：1001hp／6000rpm

轴距：2700mm

整备质量：约 1600kg

扭矩：1250N•m／2200rpm

最高时速：406km／h，0~300km／h 加速时间≤14s

传动系统：四轮驱动，7 挡半自动变速器

发动机：后置

压缩比：9:1

价格：140 万美元

创始人

H.F.S.摩根

创始时间

1910 年

创始地

英国·马尔文

摩根

精雕细琢的手工艺术品

什么是经典？经典是时间洪流中不灭的火花。什么是时尚？时尚是个性张扬而富有激情。作为经典与时尚结合体的摩根跑车恐怕是世界上最动人的事物——稀少昂贵，优雅复古，传承着纯正的英国风格，堪称近代英国高性能跑车的正宗。

在钣金车间里，工人用双手剪裁钢板或铝板，一些焊接部位也是靠手工打磨，车身的油漆有时竟要经过 9 道工序才能完成，当今许多汽车制造公司通常每分钟生产一辆或两辆汽车，而这里的 150 名工人平均每星期只生产 10 辆车……听到这样的描述，你会想到哪个跑车品牌？兰博基尼或是宾利？都不是。无法躲过行业并购大气候的它们早已脱离了这种看似落伍实则经典的生产方式，这里说的是英国的老牌车厂“摩根”。自 1910 年建立以来，摩根就一直为上流社会人士订做各种跑车、敞篷车，车型一直保持复古的绅士风格，70 年代成为闻名世界的高级跑车制造商。摩根跑车做工一流，产量却极为稀少，当年一般阶层人士根本无法问津。

如果你以为摩根只是一个喜爱炫耀过去的荣耀的“古董”制造商，那就大错特错了。摩根虽然创造了“一种车型连续生产 70 年”的纪录，而事实上它在新世纪依然充满活力。在千禧年的日内瓦车展上，摩根的“气流 8 号”像一块蓝色的宝石，令凯迪拉克那款“想象”黯然失色。而 2006 年，摩根还表现出对尖端技术的热情，与包括牛津大学在内的几个组织合作开发完全环保的电动跑车“LifeCar”。摩根一直将经典与时尚完美结合。主设计师马修汉弗莱斯将跑车造型完全停留在上世纪 30 年代，超级扁平、宽阔、低矮的绝种跑车令人过目不忘。长长的车头几乎占据了车身的一半，

夸张的轮拱充分流露出复古风情。但是，在驾驶过程中，摩根不会时刻用“30年代”为难你。来自宝马的4.4升V8引擎能产生333马力的动力输出，并完全达到最高排放标准，百公里加速仅需4.5秒，这一过程只需35.8米的距离，只是9个车长而已。摩根是唯一还在使用木料建造车身框架的跑车品牌，掩藏在古色古香的外表下的是惊人的性能，洋溢着浓郁的艺术美学气息。在熙熙攘攘的世界里，如果你有幸见到一辆摩根跑车，心中一定会涌起难以言喻的喜悦。在高科技备受推崇的当代，摩根跑车的自我坚持仿佛拥有致命的吸引力，令人无法抗拒。

摩根车标为“MORGAN”字样，两侧带翼，寓意快速飞翔。早些年摩根生产的三轮赛车比其他四轮车还要快，出于公平起见，甚至曾经被要求在比赛中晚一圈起跑。2000年日内瓦车展上那款令凯迪拉克汗颜的“气流8号”的名字，就来自赛场上傲视群雄的摩根三轮赛车。

摩根车厂的造车历史比保时捷和法拉利还要悠久。在英国马尔文小城，有一座红砖建筑，打开紧闭的老式木制大门，来访者便跨入了前店后厂的

摩根 70th

摩根汽车配件店。1906 年，25 岁的 H.F.S.摩根从一个修理铺起家，1910 年开始制造三轮汽车。自摩根汽车公司推出首辆三轮汽车至今，这个地方几乎就没有改变过。摩根在创立之初是制造三轮车的，主要是为了规避当时英国政府对于汽车所征的重税。摩根将车辆设计成前两轮、后一轮的形式，并顺利被列为三轮摩托车生产商。这样一个具有百年历史的汽车品牌，发展过程中没有发生过任何倒闭、兼并或收购事件。作为一个家族企业，摩根一直生机勃勃地存在至今。

二战后摩根汽车公司停止生产三轮汽车，随后，为了进一步强化产品的吸引力与竞争力，该厂开始投入四轮车型的研发，同时也逐步确立了摩根车款的设计方向。最早的摩根 4／4 车型中的两个“4”分别代表四轮和 4 汽缸发动机。该车型自 1936 年问世以来样子没有太大变化，随后推出的摩根 Plus 4 车型外形也大体相同，只是配备了更强大的发动机而已。

在创始人 H.F.S.摩根与其子皮特·摩根的坚持下，摩根车在外观上总保有古典线条，从最早期的摩根

4／4到最新的四座“气流8号”，都可以见到相同的设计。为了让车辆保有性能上的优势，摩根相当重视对车重的控制，走着纯正的“轻量化跑车”路线，即使拥有极为古典的外型，但摩根在底盘设计、转向系统、动力输出等方面也毫不含糊，而这样的定位让摩根在车坛上独树一帜，成为非常具有代表性的英国独立跑车品牌。

第三代掌门人查尔斯·摩根说：“我们不打算从事大批量制造，与其像当今许多汽车制造厂那样如同压模子一般千篇一律地大批量生产，我们宁肯用双手来拧紧一个个螺丝。”

摩根跑车的生产方式可以称得上“亘古不变”，从悬挂装置到刹车轮毂，车上的所有部件全都在本厂车间内制造，而且使用的始终是同样的老机器，但这样的方式绝对胜过现代化的汽车生产线。摩根迄今依然采用全手工生产汽车，以保持最顶级的质量与独有的英国工艺，而且下订单后往往需要3个月以上才能交车，足以显出摩根车的尊贵和稀少。

当今许多汽车制造公司通常是每分钟生产一辆或两辆汽车，而摩根工厂的150个职工平均每星期最多生产10辆汽车，全年总产量大约500辆。查尔斯·摩根解释说：“产量有限的主要原因是我们的生产方式与众不同，我不能跑到大街上随便拉个什么人让他进摩根厂做工，这里的工人都是事先培训过的。”在摩根车厂的装配车间里，技工们用手将发动机、变速箱、

摩根全新的“空中之王”继续着摩根家族的古典风格，并试图将经典与时尚的结合发扬得更为突出。这款车是摩根少有的概念车，为了打造一辆适合更长路途的双门跑车，公司的设计师马修汉弗莱斯听取了不少意见，最终塑造了这款摩根“帝王”的非凡形象。针对客户的反馈意见，摩根在该概念车上在腿部空间、硬木车架、车内皮饰以及车尾行李箱空间等处大做文章，力求在每个细节上满足客户的需求。

摩根 Aero 8

顶级

镇牌之宝

摩根气流 8 号（Aero 8）

1936 年，摩根双座敞篷跑车的轮子由 3 个增至 4 个，此后除了不断转换先进发动机外，车体的变化很少。所以，当摩根车厂在 2000 年日内瓦车展上展出“气流 8 号”时，立即轰动一时，可以说那是 1964 年以来车厂第一次推出一款全新的车型。而“气流 8 号”也没有让任何人失望，尽情展现着 20 世纪 30 年代的英国古典车的风情，堪与劳斯莱斯和宾利相媲美。它配置了宝马 4.4 升 V8 发动机，不但性能强劲，而且达到了下一代欧洲废气排放标准。而真正的尖端科技体现在车架上，协助开发奥迪 A8 全铝车身的加拿大阿尔堪铝业公司负责为“气流 8 号”制造铝质车身板材。与奥迪、法拉利的立体框架相比，“气流 8 号”的厢型车架是最新技术成果，它非常轻，达到了空前的刚性强度。为了展示先进的技术，摩根公司特意在日内瓦车展上将一个底盘摆放在样车旁边。

当今世界上，没有任何跑车能像“气流 8 号”那样，给你如此高雅华丽的感受：纹理细腻的浅色木条不是简单的镶嵌饰板，而是车身白腊木骨架巧妙地裸露，配以淡香槟色的真皮包面，使人宛若置身于珍宝盒中，熠熠生辉的抛光铝质仪表板和控制台基座好比碎钻镶成的衬底，各色仪表和按钮是其上点缀的宝石，而刻有摩根标志的三辐式方向盘就成为整个珍宝盒中最璀璨的“明珠”。

286 马力、430 牛米的动力驱动，使“气流 8 号”成为摩根有史以来性能最强悍的车型，0~100 公里加速少于 5 秒，极速高达 258 公里 / 小时。摩根车曾经被誉为“韧性之王”，形容它中途加速非常凌厉。“气流 8 号”也不例外，它可以用 6 挡从 16 公里 / 小时一直加速到 258 公里 / 小时，中间不会有丝毫迟疑阻碍。在宝马公司位于法国的密拉马斯试车场，宝马的工作人员看着“气流 8 号”呼啸着飞掠过一个个弯道时，他们都惊得目瞪口呆。标准配置的“气流 8 号”厂家建议售价为 5 万英镑。现在，要订购一辆摩根跑车恐怕得排更长时间的队了。

“气流 8 号（Aero 8）”参数

长 / 宽 / 高（mm）：4089 / 1753 / 1092

轮距前 / 后（mm）：1550 / 1500

整备质量（kg）：1187

油箱容积（L）：70

发动机：V8 DOHC 32 气门

排量（ml）：4398

最大功率 kw / rpm：210 / 5400

最大扭矩 N·m / rpm：430 / 3600

制动器前 / 后：通风盘式 / 通风盘式

转向器：齿轮齿条，液压助力

变速器：手动 6 速

0 – 100km / h 加速时间（s）：5

最高车速（km / h）：258（带限速器）

前后桥等部件组合成一辆汽车。在车身制造车间里，细木工更是用手仔细雕刻着从比利时进口的名贵木料，真皮坐垫也是由缝纫工用老式缝纫机缝出来的，最后由资深技工把整车开出去作测试。一辆摩根跑车的生产周期至少为五六个星期，正常的速度要10至12个星期。

在摩根车厂，一辆汽车从订货到交货不会超过一年半，但是假如短于6个月，车厂就会担心它的质量。摩根出品的汽车每一辆都一丝不苟，而且订单已经排满五六年了。能经受时间考验而购买摩根跑车的英国人通常要等候5年，外国客户有优惠，也得等一年至一年半。对于摩根爱车族来说，长期等候本身也是一种享受。皮特·摩根曾经说："摩根跑车的车主多少都有些疯狂，但个个好脾气、有耐性。为了得到一辆摩根跑车，这些人什么都能忍受，目的就是为了有朝一日，能驾驶摩根车招摇过市。"

许多客户在等待交货期间往往都要到马尔文市小住几次，先来挑选车身的颜色和皮料的花纹，随后再来察看自己订购的跑车的制造进度，高兴的话还可以跟工人聊聊天，最后则是选择"吉日"从摩根家族人士的手中亲自领取车钥匙。

除了参加汽车比赛，所谓最高时速便只有理论意义，摩根所追求的是良好的加速性能。如果调试准确，一辆摩根"普鲁斯8号"百公里加速能缩短至3秒。该车基本售价为5.6万美元——基本售价的含义非常明确——什么都得另外加购，包括真皮坐垫、机盖拉杆以及安全气囊等等。

摩根跑车的悬挂系统硬得像石头，乘车者的后背被颠得疼痛难耐，经常叫苦连天，但它有优良的抓地性能却是事实。假如你想驾驶一辆摩根跑车去参加比赛，根本不用作任何改动。那些成批生产的跑车参赛之前必须调整悬挂系统，否则驶完一个弯道就得回厂维修。不过，无论哪个型号的摩根跑车都极少参加汽车比赛，其用处主要是外出兜风购物。即使悬挂僵硬，大家仍毫无怨言。

摩根汽车中最具跑车色彩的是那款摩根“普鲁斯8号（Plus8）”，与其他摩根车相比，该车外形并无太大突破，但它有一台135千瓦的强劲发动机，行驶起来如电闪雷鸣。“普鲁斯8号”于1968年问世，当年便参加爱丁堡的MMC车赛，其初衷仅仅是为了考核一下“是否有零件会掉下来，以及哪些部位需要改进”，不料比赛结果却引起不小的轰动。至今，这辆速度极快的摩根跑车已经有几十岁的高龄了。

在新世纪，摩根跑车焕发出无比的活力，不断的尝试创造出新的辉煌。2006年秋天，一群英国人开始讨论如何开发一款环保跑车，驱动这个梦想之车的将是可以将氢气转换为电的燃料电池。产生这个想法的正是英国的摩根车厂和其他几个合作者，包括牛津大学、Oscar汽车集团、格连菲尔德大学等。这款概念车定名为“LifeCar”，在2008年3月的日内瓦车展上展出，设计该车的目的就是为了证明“零排放的汽车也可以让驾驶者感受到驾驶的乐趣”。造型典雅的全铝车壳里安装了一组以氢燃料混合氧气发电的设备，该套设备会为提供动力的燃料电池进行供电。LifeCar的性能表现不俗，0~100公里／时加速少于7秒，加满氢气后可连续行驶400公里，而且LifeCar在行驶时只排放水蒸气。几个合作者力求使这款车在性能上表现出传统跑车的魅力，投资总额约为190万英镑。

为纪念“气流8号”赢得英国GT房车赛分组冠军，摩根车厂特意推出“气流8 GT”限量版双门房车。此款房车将会依照摩根跑车的统一规格制造，车身均由手工打造，而且仅限量生产15辆，一定将会成为收藏家的又一目标。该车在摩根生产线上制造，装备全新ECU元件的4.6升V8的宝马引擎，可输出高达320马力的强劲动力。为了适应GT比赛要求，“气流8 GT”还配备了碳纤维硬顶盖，而运动型排气装置、经过特别调校的悬挂系统与精致整洁的内饰也是该车型的一大特色。其在英国当地售价为72500英镑，约合100万人民币。

在现代科技与高效率生产线的包围下，坚持手工打造的摩根跑车从来不愁销路，它的另一款新作“空中之王（Aero Max）”于2006年底开始在欧洲销售，车厂计划2007年的最大产量为100辆，结果到日内瓦国际车展开幕为止，就已经接到71张订单。这种一季度内就已消化超过七成的全年配额的销售业绩，令很多大品牌望尘莫及。2007版“空中之王”搭载来自宝马的4.4升V8引擎，最大功率333马力，配置顶级的安全防护系统，包括气囊与ABS等。2008款“空中之王”可谓是2007版本的升级之作，轻量化目标更为彻底，空车总重仅1200千克左右，全套的ABS+EBD整合式刹车系统，以及胎压监测系统等全部列为标准配备，售价预计会比2007款的9.4万英镑更高一些。“空中之王”轻易夺走了“世界上最轻盈的V8引擎量产车”称号，其极低的底盘直接带出全车较低的重心，令其成为欧洲加速最快的车型之一。

摩根 AeroMax

摩根车厂至今已有三代的传承，它比法拉利和保时捷历史更悠久，创始人老摩根的孙子查尔斯·摩根现在主掌这个家族企业。摩根家族一次次拒绝了各方面的并购计划，在当今汽车行业并购成风的大气候下，这家“袖珍”小厂能够挺住靠的是一种永恒的“摩根精神”。就是这种精神使摩根跑车具有一种独特的韵味，成为世界车坛英国风格的杰出代表，迷倒世人无数。

创始人

莱昂内尔·马丁
罗伯特·巴姆福特

创始时间

1913 年

创始地

英国·新港

阿斯顿·马丁

用车轮丈量世界

从20世纪初即成为有钱人的专利，到打造风驰电掣的007坐骑，阿斯顿·马丁将“速度”演绎成“美丽的、动力十足的步伐”。奢华的运动风格加上古典优雅的情怀，驾驶阿斯顿·马丁跑车就意味着拥有“英伦格调的快乐”。

40多年前，阿斯顿·马丁DB5在电影《金手指》中首次与肖恩·康纳利扮演的詹姆斯·邦德结缘，名声大噪，成为世界各国车迷心目中的超级跑车。后来阿斯顿·马丁在007系列的《霹雳弹》、《黎明生机》与《黄金眼》中都有不俗表现。很难想象，如果没有阿斯顿·马丁，007要如何去完成拯救世界的任务，又怎样赢得美艳的邦德女郎的欢心。

阿斯顿·马丁被称为“世界上配置最高、跑得最快的跑车”之一。或许它在中国的知名度远比不上法拉利或保时捷，但这个以生产跑车而著名的英国品牌论名贵程度却绝对不低于它们。阿斯顿·马丁的历史有无数值得怀念的片段，那些南征北战、绝尘于赛道的日子体现了它“追求胜利与荣誉”的精神，而DB系列的永恒之美早已引发无数的话题。在近百年的经营中，阿斯顿·马丁总共生产了一万多辆车，却始终保留着令人迷恋的英式纯手工制造工艺。如果说跑车的精髓仅仅在于追求速度，未免有些狭隘，实际上，那些名贵跑车带给人们更多的是享受的过程。阿斯顿·马丁找到了动力性能与舒适驾驶的平衡点，它丰富的运动细胞丝毫不逊于意大利跑车，豪华程度与劳斯莱斯不相上下。它与007这个银幕英雄一样深得人心。阿斯顿·马丁告诉整个世界：速度可以控制，唯有激情无法控制。

阿斯顿·马丁 DB5

“阿斯顿”这三个字是为了纪念创始人莱昂内尔·马丁曾经驾驶自己制造的赛车Singer10在阿斯顿·克林顿山举行的山地汽车赛中获胜，阿斯顿·马丁车厂从来不设计和生产那些比人家跑得慢的机器，它意味着不断超越自我的造车精神。

英国的阿斯顿·马丁一直是一家传奇的车厂，它几乎从来没有赚过钱，而且几经转手，不断靠大财团支持才生存下来。这主要是因为它从不生产大众化的廉价汽车。它最初的创始人是莱昂内尔·马丁和罗伯特·巴姆福特。马丁是一个有钱的赛车手，巴姆福特则是一名工程师。从1913年起两人开始合作制造高档赛车，公司当时的名称是马丁·巴姆福特公司。第一次世界大战后，巴姆福特决定退出车厂，马丁买下他的股权。为了纪念曾驾驶自己制造的赛车Singer10在阿斯顿·克林顿山举行的山地汽车赛中获胜，1923年马丁将公司与其产品都改名为阿斯顿·马丁。建厂之后，接下来就是南征北战、绝尘于赛道的日子，彼得·柯林斯、杰克·费尔曼、吉姆·克拉克、摩斯等响当当的赛车手，驾驶着阿斯顿·马丁的DB车系，峥嵘头角，扬名四海。

但是，胜利带来荣誉却没能带来利润，公司因业绩不佳被反复转卖。1947年，公司被卖给了拖拉机制造商戴维·布朗，他成为在阿斯顿·马丁历史上影响最大的人。他以自己姓名（David Brown）的首字母DB为公司的汽车命名，英文字母后的数字代表车款的序号。这一命名方法持续至今，如今已发展至第七代。也是在1947年，布朗买下另一家著名的超级跑车厂拉贡达公司。于是，这两家拥有光荣历史的车厂将优点交叉汇聚，爆发出更强劲的机械能量，

阿斯顿·马丁汽车的标志为一只展翅飞翔的大鹏，它从天而降，气势非凡，喻示着公司大鹏般远大的志向，大鹏图案上标有“ASTON MARTIN”的英文字样。以生产敞篷旅行车、赛车和限量跑车而闻名世界的阿斯顿·马丁公司能驰骋近百年，不知是否得益于这只大鹏带来的运气。

阿斯顿·马丁“征服”车型的前身是于1998年1月在北美国际车展上首次亮相的概念车，在随后的两年时间里，公司先后制造了50辆原型车。“征服”车由著名设计师伊恩·凯勒姆设计，纯手工打造，称得上一款名副其实的超级跑车。“征服”配备了阿斯顿·马丁最新开发的低排放V12全铝发动机，排量6升，发动机在6500转/分钟时可发出450马力的功率。

它们联合制造出的DBRI赛车于1959年勇夺利曼24小时耐力赛桂冠。阿斯顿·马丁车厂的旗号也被更新为“阿斯顿·马丁·拉贡达”，并于1955年迁厂至纽波特帕格内尔现址。此后生产的双门跑车挂阿斯顿·马丁的车徽，四门房车则用拉贡达的商标。所有阿斯顿·马丁车系的跑车，皆以字母“V”开头，以表示“追求胜利和荣誉”的创厂精神历久弥新。

60年代时，阿斯顿·马丁曾有过一个辉煌的时期，但好景不常，公司很快又陷入困境，负债累累。1972年，戴维·布朗不得不把经营25年的公司出售。这之后阿斯顿·马丁频繁更换主人，并于1987年被美国福特汽车相中，福特收购了其75%的股份，1994年7月又收购了其余股份，从此阿斯顿·马丁成为福特旗下的品牌之一。

在近百年的经营过程中，阿斯顿·马丁以生产敞篷旅行车、赛车和限量版跑车而闻名世界，最著名的车型有以DB5和DB7为代表的DB系列、“优势”（Vantage）以及“征服”（Vanquish）等，建厂以来，阿斯顿·马丁总共生产了仅一万多辆车。然而时至今日，仍有占总量四分之三的阿斯顿·马丁在使用中。阿斯顿·马丁和它最著名的车主詹姆斯·邦德身上共同拥有的那种高素质、低姿态的经典英国绅士风度，使它成为人们心目中的汽车经典。

阿斯顿·马丁 V8

DB 系列一直是阿斯顿·马丁的经典之作，其中的 DB7 堪称英国当代最出色的跑车，并被意大利的艺术家们评选为“世界上最美的汽车”之一。

阿斯顿·马丁跑车多采用前置式 V8 或直列 6 缸发动机，马力强大。加速性能优异是阿斯顿·马丁跑车的最大特点，从静止启动加速到 100 公里／小时仅需 6 秒。该公司生产的赛车在国际赛车坛上名气很大，曾多次获得国际汽车大赛的冠军。阿斯顿·马丁跑车均由手工制作，做工精致，质量可靠。位于英国沃里克郡 Gaydon 的阿斯顿·马丁工厂里依旧保留了最令人迷恋的英式纯手工制造工艺，那些手工师傅的技艺从数十年前就开始发展，直到今天依旧是阿斯顿·马丁值得骄傲的特色，也是英国汽车的“传家宝”。因此在英国汽车排行榜上，阿斯顿·马丁历来都紧随劳斯莱斯和宾利之后。即使是最便宜的阿斯顿·马丁 DB7，国际市场价格也在 13 万美元以上。

顶级

镇牌之宝

阿斯顿·马丁 DB5

一提到阿斯顿·马丁，很多人就会想到詹姆斯·邦德的传奇故事，似乎阿斯顿·马丁的成功归功于他。2006 年 1 月 20 日，曾在 007 系列电影中出现的“詹姆斯·邦德专车”阿斯顿·马丁 DB5 现身美国亚利桑那州菲尼克斯的一家拍卖行。被拍卖之前，这辆在银幕上陪伴 007 出生入死的跑车在田纳西州某汽车博物馆展出了 35 年之久。在热烈的竞争中该车最终以 210 万美元的高价被一位欧洲买主买走，引起了全球车迷的惊叹。在英国 BBC 网站举办的“最能代表英国风格的经典设计 TOP25”票选活动中，与迷你裙、古墓丽影游戏、英国地铁地图、K2 电话亭等人们耳熟能详的英式创意一起入选的只有三款车，阿斯顿·马丁 DB5 就是其中之一，其在世界车坛上的地位由此可见。

阿斯顿·马丁 DB5 流线形的车身平滑优美，是均衡与前卫的奇特组合，车身横截面从最大处到车尾的平缓过渡可以有效地提高车辆的空气动力性能。4 升的引擎可以使车辆轻易地超过 200 公里的时速，使 DB5 成为当时最出风头的超级跑车，法拉利最强劲的竞争对手。不同的是，前者驾驶起来比较方便轻松，不像后者那样桀骜不驯需要高超的操控技巧。一位英国赛车老手在先后试过阿斯顿·马丁与法拉利两款车后评论说：“考虑到每个人都会变老，还是给我一辆阿斯顿·马丁更加自在一点。”

阿斯顿·马丁 DB5 参数

前 / 后轮距：1372mm / 1359mm

轴距：2489mm

总重：1465kg

座位数：4

缸数 / 排列形式：L6

排气量：3996cc

配气形式：NADOHC12V

压缩比：8.80:1

口径 × 冲程：96.00mm × 92.00mm

扭矩(扭力) / 转速：39.8kgm / 3850rpm

功率(马力) / 转速：282hp / 5500rpm

燃油供应系统：3SUcarbs

驱动形式 / 尾牙：RWD

波箱形式 / 挡位数：5MT

在阿斯顿·马丁公司近百年的历史中，DB7是所有车型中设计最成功、产量最大、销售成绩最佳的一款。它被公认为是“当代英国最出色的跑车”，并被意大利艺术家们评选为“世界上最美的轿车”之一。DB7于1993年4月亮相日内瓦车展，1994年初量产上市，3.2升直列6缸发动机配有增压器，功率可达335马力。到目前为止，DB7已经行驶在世界29个国家的公路上，基本车型有双门跑车和敏捷型两种。

在DB7之后，阿斯顿·马丁于2004年推出经典的DB9，有两种款式供客户选择，即双座敞篷版与2+2座跑车版。在现代众多车型当中，DB9一经问世便成为阿斯顿·马丁风格的真正代表。DB9由设计师亨利克·费斯克先生设计，铝合金车身。这款跑车上最有激情的东西，当然是那台来自DB7的V12发动机。这台功率456马力的发动机的扭矩曲线已经被优化得近乎完美。和意大利同行不同，阿斯顿·马丁的工程师们已经对追求功率没什么兴趣了，而是在扭矩上下功夫。发动机在5000转／分时扭矩高达570牛米，而仅1500转／分时就可达到最大扭矩值的80%，约450牛米。

DB9代表着最成熟与最先进的跑车技术，是第一辆应用阿斯顿·马丁独有的VH平台的量产车型，今后所有阿斯顿·马丁车型都会使用VH平台。目前，VH平台仍然属于阿斯顿·马丁的高度机密，外界只能了解到VH平台主要应用于DB9的车架与车身设计。据公司透露，由于使用VH平台以及全铝车身，所以DB9变得十分轻巧，动力性和操纵性都得到了极大的提高。DB9采用

阿斯顿·马丁 DB9

6 升 V12 发动机，最大功率达 450 马力，极速 300 公里 / 小时。

阿斯顿·马丁 DB9 美感无限，如肌肉般绷紧的线条让人感觉到它强大的力量，迷人的浑圆外形更显示出新时期阿斯顿·马丁的特点。该车有很多引人注目的地方：如在车身内巧妙安置的车门开关，完全是上个世纪 60 年代的风格。内饰采用高级硬木、优质皮革与精制铝合金，诠释高贵典雅的气质。最初，DB9 只有双门硬顶一种款式，而现在活动软顶车型也问世了，它采用时下最流行的电动折叠软顶，从关闭到开启只需 17 秒。与老款车型相比，DB9 的座位更适合各种体形的人乘坐，非常舒适。车内的仪表盘装饰得豪华漂亮，各个仪表框都是铝合金制造。转速表和里程表对称反向旋转，即使在夜间，只要稍有些光亮，又圆又大的铝合金仪表上的数据就会一清二楚。对于阿斯顿·马丁这样的传统品牌，现代感太强反而会有损形象，因此，车的中控台上几乎找不到任何液晶显示部件，连导航屏幕也被隐藏在一块胡桃木盖板下，只在需要时才会被翻起。

毫无疑问，DB9 将成为阿斯顿·马丁历史上另一款最为

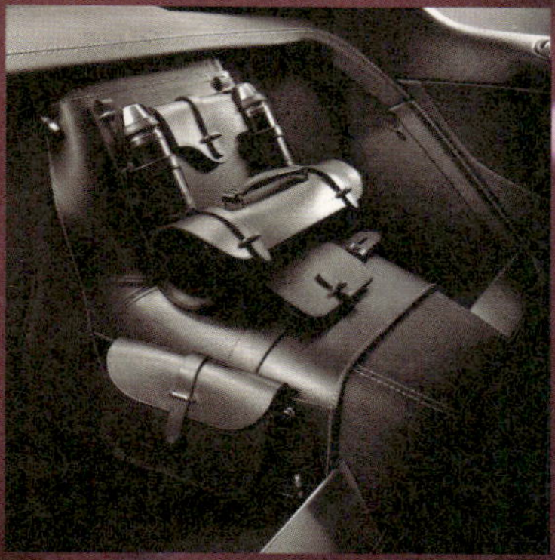

阿斯顿·马丁 Rapide

1992 年，阿斯顿·马丁的全球销量只有 42 辆，但到了 1999 年便达到 622 辆，2005 年则狂升至 5000 辆。这一巨变是在 2000 年乌尔里奇·贝兹入主阿斯顿·马丁后发生的。在他的带领下，阿斯顿·马丁首次出现了三款车型相映生辉的豪华阵容——其中就包括了售价 11 万美元的"V8 优势"、售价 26 万美元的"征服者 S"以及令人炫目的最新四门跑车"极速"。

重要的车型。已售出超过 7000 辆的 DB7 曾经是阿斯顿·马丁最成功的车型，而 DB9 取代了 2003 年底就停产的 DB7，延续着 DB 系列的辉煌。

当肖恩·康纳利苍老得已经不能再继续扮演邦德，阿斯顿·马丁却携一款全新超级概念跑车 Rapide 登上北美车展，吸引了无数艳羡的目光，车坛再次掀起一股英伦旋风。

Rapide 是一款四门概念车，基于 DB9 车型开发。新车还有一个和 Vantage 有些类似的掀背式尾门，打开后可以释放出很大的行李空间，后部的座椅也可以收起来。车身的外观充斥着神秘感，你只需轻轻按下一个键，就可以将半透明的车顶变为彩色。

Rapide 拥有 DB9 使用的 6 升 V12 引擎，在经过调节之后，功率可上升到 480 马力（比原来增强了 30 马力）。虽然 Rapide 比 DB9 重一些，但强大的功率使该车的性能表现毫不逊色。Rapide 百公里加速时间不到 5 秒，极速能够达到 290 公里／小时。为了配合动力方面硬件的升级，刹车也更换

为碳纤维陶瓷类。除上面涉及到的特点之外，新车还有新款的LED车灯、开关设备、改造后的座椅以及全新的车厢装潢。

虽然Rapide概念车早在2006年的底特律车展就已经发布，但是由于阿斯顿·马丁的归属问题，这款大型豪华四门轿跑车却迟迟未能进入量产，但其量产上市也非遥不可及。你或者拥有法拉利612 Scaglietti、保时捷911S、宾利欧陆GT或者法拉利575，但如果你无法长期忍受只能搭载一位乘客出游的话，那么Rapide会让你眼前一亮。看似简单的拉长车身、多加了两个门，意味着阿斯顿·马丁的VH平台具有强大的衍生实力。更重要的是，它亮起了一个信号：阿斯顿·马丁有可能将触角伸向多年未染指的豪华四门跑车市场，那里盘踞着如奔驰CLS、玛莎拉蒂“总裁”等声名显赫的超级对手。但凭着卓越的技术和对速度的执著，Rapide完全有理由成为这个级别又一个不可多得的明星。

阿斯顿·马丁 Rapide

莲花

无意争锋自成峰

莲花在世界跑车界占据着不可动摇的显赫地位，它无意争锋自成峰。莲花实现了跑车迷的所有梦想，梦幻般的车身和跨越时代的设计，默默陈述着其传奇历史。

创始人
安东尼·柯林·布鲁斯·查普曼
创始时间
1952 年
创始地
英国·霍恩西

莲花是制造跑车的巨匠，在它那传奇又坎坷的发展史上，莲花制造了一款款轻如燕快如风的极品跑车，其永不满足的探索精神和不断革新的专业技术无不让人肃然起敬。在汽车工业史上，莲花品牌与众不同，它是英国杰出的工程师安东尼·柯林·布鲁斯·查普曼个人奋斗与智慧的结晶。无论是批量生产的跑车还是赛车，查普曼都亲自参与设计与研制，倾注其毕生心血。他在 20 世纪五六十年代设计的莲花及许多小跑车至今令人怀念。

莲花跑车仿佛一个机械与人性融为一体的精神偶像，让全世界的车迷为之疯狂。在跑车界，没有哪个品牌拥有像莲花这样宛如童话的浪漫历史。

查普曼 1928 年出生于英格兰萨尔伊郡热哧蒙德市的一个中产阶级家庭。17 岁时，查普曼自认为骑自行车的技术无人能及，在上学途中肆意飙车，却在圣诞节那天被疾驰的汽车撞伤了双腿。这次小小的交通事故让查

莲花 Esprit

这款 1975 年上市的莲花精灵超级跑车 Esprit，拉开了莲花与保时捷和法拉利这两大老牌跑车制造商争雄的序幕。它那高达 268 马力的强劲功率，超过 260 千米的惊人时速，无不令世界跑车制造界群雄惊慌失措，连连惊呼：“狼来了！狼来了！”

普曼因祸得福，不仅与前来看望他的海尔小姐一见钟情，而且获得了父亲给他购置的代步工具—— 一辆1937年出厂的“莫利斯特8型房车”。这辆车激发了查普曼把玩汽车的浓厚兴趣，他一下子迷上了汽车改装这个极富创意的新手艺。在19岁那年，已读大学二年级的查普曼购得一辆1930年出厂的老旧奥斯汀7型跑车。面对丑陋的跑车，查普曼知难而进，在女友海尔小姐家的后院鼓捣起来，最终将它改装为魅力四射的跑车。给这辆跑车起个什么名字最能吸引人们的眼球呢？一天，查普曼从苦思冥想中抬起头来，久久注视着海尔小姐那清丽的面庞和婀娜的身姿，灵感顿生：跑车同女友一样那么惹人怜爱，好似一朵出水芙蓉，“莲花”不就是跑车的最佳名字吗？于是莲花玛尔卡Ⅰ型跑车（Lotus Mark Ⅰ）就在海尔小姐家的后院诞生了。

查普曼由此一发不可收拾，不仅在大学深造期间完成了莲花玛尔卡Ⅱ型跑车（Lotus Mark Ⅱ）的改装，而且在21岁成为英国皇家空军一员后，仍旧把改装跑车当成最大的业余爱好。为了使自己改装的跑车唤起跑车迷的兴趣，查普曼参加了林间角逐业余跑车大奖赛，并一举夺得冠军。这一夺魁产生了意想不到的广告效应，莲花玛尔卡Ⅰ型和Ⅱ型跑车竟卖出了20余辆，查普曼也由此获得了“创业第一桶金”。22岁那年，查普曼在一项跑车大赛中结识了志同道合的

亚伦兄弟，便将设在女友家后院的改装车间搬进了亚伦兄弟设在伦敦北方的绿林改装厂。

莲花 Sport Exige

一年后，海尔小姐亲自驾驶男友改装制造的莲花玛尔卡Ⅲ型跑车（Lotus Mark Ⅲ），在世界驰名的英国银石赛车场勇夺 AMOC 大赛女子组冠军，这也是改装型莲花跑车首次获得世界跑车大赛桂冠。这次大赛的胜利促使查普曼踏上了制造跑车的漫漫征程。就这样，在海尔小姐的鼓励下，查普曼与亚伦兄弟中的迈克·亚伦联手攻关，于 1952 年 1 月 1 日创办了跑车制造企业——莲花机械工程公司。为了把有限的资金用在刀刃上，查普曼不得不先将工厂设在父亲的旧马厩中。经过无数次的图纸设计和工厂试验，查普曼设计制造出了被赞誉为“马厩里飞出的莲花精灵”的莲花玛尔卡Ⅳ型跑车（Lotus Mark Ⅳ）。这一成功催

20 多年来，查普曼创造出了一辆又一辆不同凡响的莲花跑车，其中最让世界车坛刮目相看的，莫过于被人们赞誉为“五子登科”的 5 种巧夺天工的精品车型：莲花精英跑车 Elite、莲花赛威跑车 Seven、莲花爱伦跑车 Elen、莲花欧洲跑车 Europe、莲花精灵超级跑车 Esprit。

生出查普曼无尽的创意。之后，查普曼不仅设计出了莲花玛尔卡Ⅴ型跑车（Lotus Mark Ⅴ），而且制造出了第一辆进入市场销售、钢骨式结构车架、高张力铝金钢板车身的双座敞篷莲花玛尔卡Ⅵ型跑车（Lotus Mark Ⅵ）。Ⅵ型车一直生产到1955年，其后的两年间，莲花没有任何产品。迫于找到一款更成功的车型，在1957年的伦敦车展上，查普曼展示了他亲手制造的一台莲花玛尔卡Ⅶ型跑车（Lotus Mark Ⅶ）。它仍保留了摩托车式的挡泥板和无车门的车身，但风格却更现代化，车身的铝板直接固定在管状车架上，前轮悬挂为三角型悬臂式，附以防摇摆杠，后轮则采用硬式车轴。凭借400千克超级轻量化的车身和完美的50/50前后轴荷以及出色的操控性能，莲花玛尔卡Ⅶ型跑车很快便取得了成功，在50至60年代的英国赛场上获得了无数冠军，也使公司偿还了债务，走出了困境。奇怪的是，查普曼并不喜欢这个车型，只过了十年就决定停产，令车迷们大失所望。所幸伦敦一家车行于 1967 年与查普曼达成协议，买下了该车的全部模具与工具继续制造。现在它已有 43 年的历史，仍在继续生产。

莲花 Hot Wheels

莲花跑车自从诞生的那一天起，就一直坚持着它一成不变的宗旨，务实而不浮躁，始终注重每一个细节的品质。它同时拥有张扬的外表和顶级的内在品质，那是辛勤与智慧的积淀，是高傲与尊贵的集中展现。

莲花在各种赛事中表现抢眼，特别是在法国勒芒 24 小时耐力赛中出尽了风头。但是，查普曼最得意的建树还要算在 F1 中。莲花于 1958 年首次参加 F1 车赛，便名声大噪。在 1960 年的摩纳哥大奖赛上，斯特林·莫斯驾驶着莲花赛车战胜了当时居于统治地位的法拉利赛车从而获得了冠军，莲花的技术实力和创新精神使它在这一赛事中称霸了整整 20 年。

与此同时，莲花不仅在 F2 和初级方程式等赛事中不断取得成功，他们的公路跑车事业也蒸蒸日上。1957 年推出的 Elite 便是一辆漂亮的公路跑

顶级

镇牌之宝

莲花 2-Eleven

莲花在 2007 年日内瓦车展上推出了 2-Eleven 车型，2-Eleven 整备质量仅有 670 千克，将莲花一贯“轻巧取胜”的理念提升至更高境界。2-Eleven 外观造型延续了莲花一贯的凹型前脸设计，两个水滴型头灯同样是莲花的标志性样式，前唇显得十分贴地，配合上车身鲜艳的图案，这部车看起来更像是一只贴地飞行的猛禽。

2-Eleven 充分体现了莲花的造车哲学，它不仅加速迅捷，转向直接敏锐，而且易于掌控。2-Eleven 使用莲花赛车的传统涂装，新车拥有 Road Going（公路版）和 Track Only（赛道版）两个版本。Road Going 版装配了前后大灯、废气催化器、单片尾翼和符合英国交通法规的相关设备。赛道专用的 Track Only 版的配置包括具有高下压力的碳纤维扰流板、赛车用前扰流套件、制动灯和国际汽联要求的赛车座椅。

莲花 2-Eleven 的功率重量比相当于 19 世纪 60 年代的 F1 赛车，其搭载的带中冷器的 1.8 升机械增压发动机在 8000 rpm 时最大输出 255 PS 马力，7000 rpm 时输出 242N•m 的峰值扭矩，VVTL-i 可变气门系统为发动机带来顺滑的动力输出，四个大容量燃油喷射器和高效燃油泵为全油门加速和高转数行车提供了保证。莲花还为这台发动机装配了两个机油冷却器以应付大负荷运转时的润滑油散热。针对发动机强大的动力，莲花 2-Eleven 采用运动型离合器从动盘和重载型离合器压盘保证动力传递的可靠。莲花 2-Eleven 从静止加速到 100km / h 耗时 3.9 秒，即使加速到 160km / h 也只需 9.1 秒，最高时速可达 250km / h。

0~100km / h 加速用时：3.9s

驱动方式：后置后驱 RR

制动系统：前 AP Racing 双活塞 / 后 brembo 单活塞卡钳

刹车碟尺寸：288mm

车。车身全由塑料制成，分成三个部分，像三明治一样黏合起来。该车虽惊世骇俗，但销售业绩不佳。因为尽管抓地性能极佳，驾驶起来令人如醉如痴，但可靠性较差，所以销量不多，几乎令莲花车厂倒闭。查普曼从中汲取教训，于 1962 年推出 Elen 型跑车。该车坚固至极，车身采用梁柱式骨架，路面表现好得出奇。随着业绩的拓展，莲花车厂于 1966 年推出了一辆 Europe 型超现代化跑车。但直到此时，莲花车厂都是采用其他品牌的发动机。查普曼长期为此事焦心，直到 1974 年生产百分之百的自家产品 Elite 车型，情况才大为改观。该车采用 2 升容积 4 气缸发动机，4 个座位宽大舒适，是货真价实的豪华跑车，也由此造就了该品牌的辉煌时代。莲花车厂在开拓了新路子后，又于 1975 年推出了 Esprit 车型。这辆车性能更强，也更豪华，是当时保时捷与法拉利的强劲对手。

正当莲花跑车在世界车坛声名远扬之际，年仅 54 岁的查普曼在 1982 年因心脏病不幸去世。虽然这位跑车界的天才和创新者英年早逝，但他发明的前置引擎前轮驱动（FF）、前置引擎后轮驱动（FR）、中置引擎后轮驱动（MR）等经典跑车款类，却为他赢得了与法拉利、保时捷一道，被尊为“20 世纪车坛三大奇人”的美誉，而一路凯歌高奏的莲花车队则为他赢得了“一人创造出一个汽车品牌的环球车坛第一人”的桂冠。查普曼与海尔小姐共同拼搏创业的车坛佳话，也成为各国跑车迷竞相传扬的美妙诗篇。

莲花汽车公司也和其他专业产跑车的车厂一样，在上世纪 80 年代初期，逐渐无力面对日益窘迫的财务问题，特别是查普曼辞世后，莲花汽车立即濒临破产边缘。1983 年中期，英国汽车拍卖集团（BCA）主管大卫·威金斯接手莲花的营运，此后莲花公司的命运一路坎坷。1986 年莲花公司被美国通用公司买下，其后又卖给意大利的布加迪车厂，莲花车队也退出了 F1 汽车大赛。直至 1997 年马来西亚的宝腾集团将其收购，莲花汽车才重获生机。回顾莲花的传奇

莲花跑车 Elite

伴随着莲花跑车业绩猛涨的势头，查普曼于 1974 年开发出了这款现代化跑车。这款跑车首次采用了自行研制的 2 升容积 4 汽缸发动机，从而使得跑车的所有零部件百分之百拥有了自主知识产权。那宽大舒适的 4 个真皮座位，尽显出该款跑车的豪华大气。这款跑车推出后高扬起莲花品牌卓尔不群的风格。

历史，查普曼始终不是一个普通意义上的老板，直到他去世时，莲花品牌的所有车型都是由他亲自负责设计、制造的。查普曼亲自参与各项设计与赛事，甚至亲自驾驶新车去测试。他不仅在设计方面出类拔萃，而且也是一名出色的驾手。查普曼永远是世界车迷心中的偶像。

JAGUAR

捷豹

尽显英伦贵族风尚

捷豹跑车是一个奇特的混合体，它不仅有美洲豹一般惊人的速度与爆发力，而且周身还流露着典雅知性的英伦贵族气息。“捷豹”这个名字就是对运动性、灵活操纵性以及舒适性的完美承诺。

创始人

威廉·里昂斯

威廉·威斯利

创始时间

1922 年

创始地

英国·布莱克普

捷豹 XK Convertible

恐怕世间没有谁能将力量、速度与荣耀诠释得如美洲豹一般生动。惊人的爆发力、流线型的体态，它的每一次腾跃都是自然界中最美的姿态。捷豹的车标就是在车头立起来的纵身前扑的美洲豹，这头奔跑了近一个世纪的“车坛之豹”，时刻散发着动静皆准的独特魅力，暗示着与生俱来的动力与热情。

欣赏捷豹需要非凡的鉴赏能力与品位，它的每一款跑车都与惊艳相随。从连续多年登顶勒芒赛场的捷豹 D-Type 到后来经典的 S-Type、E-Type；从畅销十年被称为“世界上最美的性能跑车”的 XK8 到应用了捷豹最先进的工艺的 XK，捷豹始终是卓越不凡的技术与迷人设计的代表者。而那款最高时速 340 公里、0~100 公里／小时加速仅需 4 秒的捷豹 XJ220 跑车更是惊人之作，在功率、扭矩与速度上比兰博基尼“鬼怪”、保时捷 959 以及法拉利 F50 还要更胜一筹。英国车在世界车坛一直占有重要地位，“买日本车，买的是工具；选德国车，选的是机器；而拥有英国车，拥有的是艺术”。捷豹享有“贵族之车”的美誉，是真正体现英伦绅士文化的主流品牌，加之时尚不失典雅的车身线条，更使其散发无可替代的魅力。捷豹深知如何爆发激情、把握静止，在不同的路段发挥最优质的动力与热情。驾驭捷豹就是完成一场运动、实现一次梦想的旅程。

1935 年，SS 公司正式接收了日光汽车公司，当时，里昂斯十分希望能把公司改名为“日光”，因为日光汽车多次在世界车赛中取得过冠军，可谓“胜利的标志”。不过公司内部就这个问题出现了分歧。最后，里昂斯选择了一个在各种语言中都发音清脆，又十分有形象意义的名字——“捷豹”（Jaguar），香港人还由英文音译为“积架”。

捷豹 C-XF

捷豹汽车的创始人威廉·里昂斯爵士曾经说：“汽车是我们所能制造出的最具生命力的机器。”捷豹跑车通过激射般的速度向你展示它的狂野灵魂，那些凝聚设计师心血的每一处，都在运动中诉说着它的激情。

JAGUAR

1922 年，一位名为威廉·里昂斯的摩托车爱好者在 21 岁生日那天遇到一位 30 岁的机械师威廉·威斯利，他们一见如故并决心共同干一番事业。于是，1922 年 9 月 4 日，他们在布莱克普创立了一间名叫“燕子”的汽车配件公司。1926 年，里昂斯从著名的奥斯汀 7 型车中得到灵感，开始进行汽车改装。他保留奥斯汀 7 的底盘，为其换上自行设计的车身，结果效果奇好，汽车和配件的销量直线上升。为了获得进一步发展，公司决定转往英国汽车工业的心脏地带——考文垂。

公司易址以后，里昂斯开始不甘于只是改装人家的汽车，他的创作欲望促使他自行制造底盘和发动机。1931 年伦敦车展上，公司同时推出 SS-1 和 SS-2。1934 年冬，里昂斯重组车厂，专心负责制造汽车，他的公司名字改成了 SS 并且成功上市。1935 年，里昂斯把 SS 汽车公司更名为捷豹

(Jaguar)，一直沿用至今。捷豹最初的产品包括超豪华车、敞篷车和跑车，发动机方面有 1.5 升、2.5 升和 3.5 升排量。捷豹在战前最有名的一款车是 3.5 升排量 SS100，这款车的极限速度可达 160 公里 / 小时，0~96 公里 / 小时加速只要 10.5 秒，发动机的压缩比为 7.5 : 1，在那个年代这些数据意味着为了性能表现不惜一切。

第二次世界大战爆发之后，捷豹车厂被改为兵工厂。战后，捷豹成为英国首家恢复生产的汽车公司。捷豹第一辆车于 1945 年 7 月出厂，但因 SS 和纳粹德军的秘密警察大队字母相同而遭弃用，遂改用XK 代号。这两个字母组合在后来的几十年里一直是速度、品位以及地位的象征。1946 年，里昂斯开始设计 XK120，其灵感来自宝马 328，两年后 XK120 跑车制作完成，并于 10 月在英国伦敦车展展出。XK120 拥有双顶置凸轮轴，3.5 升排量发动机，极限速度达到 182 公里 / 小时。由于价格便宜，XK120 敞篷跑车成为各地车手乐于使用的战车，活跃于各地车坛，首次参加法国勒芒 24 小时耐力赛，即获不俗战绩。

之后捷豹不断对 XK 系列加以改良，其生产出来的多款跑车，在参加勒芒 24 小时耐力赛时都取得了优异的成绩，为捷豹的历史写下了光辉一

JAGUAR

捷豹商标为一只正在跳跃前扑的美洲豹雕塑，矫健勇猛、形神兼备，具有强烈的时代感与视觉冲击力，表现出向前奔驰的力量与速度，象征这个品牌如美洲豹一样驰骋于天地之间。

页。1956 年，里昂斯因在汽车领域作出的贡献被册封为爵士。虽然后来捷豹的赛车部门解散，然而赛场上的成功是捷豹保持良好业绩的原因，XK-120、140 和 150 跑车都销量大增。1968 年捷豹公司又推出了 XJ6 高档运动型房车，给整个汽车界树立了新的设计标准。此后，意气风发的捷豹公司兼并了多家汽车公司，成为那个时代汽车制造业的霸主，同时，里昂斯决定与英国汽车公司（BMC）合并。在 20 世纪 60 年代，捷豹走在了世界车坛的最前沿。

1972 年，71 岁的里昂斯退休了，而 XJ12 也是他对捷豹的最后一个贡献。随后 XJ 系列房车不断地更新，推出了一系列新型号，这一系列车型如同当年的 XK 系列一样，成为了永恒的经典之作。

对捷豹来说，20 世纪 80 年代是充满灾难的 10 年，始创人威廉·里昂斯爵士与世长辞，捷豹公司也如大不列颠其他工业一样，经历了大幅度的滑坡。新开发的 AJ6 直列六缸发动机问世，但它并不像当年装备在 XK 系列上的六缸直列发动机那样成功；赛场上，XJ 跑车系列 XJR-series 虽然同当年一样威风八面，而公司依然每况愈下。1989 年，捷豹被美国福特公司以40.7 亿美元的价格收购，濒临破产的捷豹重获新生。

在福特公司的帮助下，捷豹走出困境，并在赛车方面不断传来好消息。XJS 在经过改进之后，重新焕发出生命力。1998 年以概念车的身份出现的

捷豹 XKR-S

XJ220也于1991年成为了量产车。新的技术、新的款式以及新的理念被体现得淋漓尽致。新千年之际，在F1的成功参赛以及多款跑车的成功推出，使公司逐渐恢复了20世纪50年代的声誉。现在的捷豹凭借个性化的外形、豪华的内饰以及卓越的性能在世界车坛重新占据了重要的地位。

捷豹的E-Type跑车拥有令人倾倒的唯美造型，而为赛车专门定制的“E-Type轻型”的单体车舱则全以铝合金打造，誓将轻量化工程进行到底。仅生产了12辆的“E-Type轻型”于1963年全部投入法国勒芒赛。后来它们成为收藏家的至宝。

捷豹已经成为世界领先跑车与豪华汽车制造商，自20世纪40年代首次参赛以来，捷豹发动机在各项比赛中屡获殊荣。从20世纪50年代开始，捷豹在欧洲汽车运动领域一直独占鳌头。在其将近一个世纪的传奇历史中，它不断将新技术融合于汽车制造当中，将人类智慧、品牌价值、卓越性能

捷豹 S-Type

与出色的驾驶体验完美结合。

在历史上，捷豹的 D-Type 与 E-Type 表现出色，而经典的 XK 和 XJ 车系更是成为永恒力作。在新时期，作为福特的一个完全独立的子公司，捷豹汽车的产品线包括全新捷豹全铝 XJ、捷豹 S 型（包括马力最为强劲的 400 马力 S 型 R 赛车），新款捷豹 X 型以及 XK 型。

如果问捷豹旗下何款车型最经典，相信不少车迷都会回答 E-Type 吧！20 世纪 50 年代中期为接替 D-Type 而生的捷豹 E-Type，首度采用单体式车架结构，搭配玻璃纤维所包覆的前车头，加上子弹形的流线外观，无论是双门轿车版还是敞篷跑车版皆有令人倾倒的唯美造型，而为参加法国勒芒大赛专门定制的“E-Type 轻型”，单体车舱全以铝合金打造，由命名便可得知其轻量化工程的彻底性，仅仅 12 辆的“E-Type 轻型”全部于 1963 年投入勒芒赛事。这 12 辆 E-Type 轻型赛车对于收藏迷而言绝对是至宝。

一直以来，全球用户始终对捷豹 S-Type 青睐有加，吸引车主们的是 S-Type 那特立独行的精神、标志性的经典设计和出色的运动性能。捷豹 S-Type 中包含大量捷豹最新的技术，其精湛工艺和卓越品质也堪称一流，它配备 3.0升 V6 发动机，极限速度可达 233 公里 / 小时，0 ~ 100 公里 / 小时加速仅需 7.9 秒。

捷豹S-Type车身正面设计兼具运动活力和清新动感，显示出一种强健前倾的姿态，流畅简洁的车身没有一丝赘线，而其内饰的优雅复古更是能够征服人心：核桃木饰板与手工缝制的皮革是捷豹内饰的经典细节标志，小小实木饰板的木纹都左右对称，每一片的诞生都凝聚着数百名工匠的心血，从选材、切片、检视到对纹，都必须一丝不苟；而捷豹引以为傲的豪华皮椅，则是在完整的皮革中精选最舒适的部分，经由手工缝制，如同肌肤一般轻柔呵护每一位乘客。精致的仪表盘强调了S-Type的动感，同时也为驾驶者提供了很好的视觉效果。从以人为本的人体工程设计，到细腻的豪华装饰，无不彰显出捷豹S-Type实用豪华的风格。

捷豹推出的08款S-Type是S-Type系列告别车坛的绝世之作。08款S-Type浑身上下充满了运动气息。密集的网状水箱护罩、具有运动风格的前保险杠、经过熏黑处理的前大灯，都展现出与现款车型截然不同的高性能韵味。与外观相呼应，08款S-Type的车内同样采用了运动风格的设计，采用了包裹性更好的运动型座椅，尤其是侧向支撑是之前的舒适型座椅所无可比拟的。

捷豹的运动型概念车C-XF不只是“概念”，它仿佛是一只充满着生命灵性与美感的美洲豹，以流畅的车身曲线刻画动感、呈现科技的力量，表达对未来汽车理念的憧憬与诠释。

2007年1月，捷豹全新概念车C-XF惊艳亮相北美底特律车展，该款概念车被誉为捷豹有史以来所创造的最具动感和现代感的概念车，成为全场注目的焦点。捷豹设计总监伊恩·卡勒姆这样评价C-XF：它标志着捷豹新时代的开始，散发着惊艳魅力，是引领潮流的惊艳设计与令人惊叹的创新技术的完美结晶，充分预示了下一代捷豹汽车的设计方向。

捷豹C-XF

顶级
镇牌之宝

全新捷豹 XK 跑车

捷豹的 XK8 是其历史上最畅销的跑车，曾经在世界车坛上赢得无数奖项与美誉，拥有“世界上最美的性能跑车”之名。在荣耀的光环下，全新 XK 的诞生，势必担负起承前启后的重要角色，捷豹的终极目标是要打造出一款比上一代更为出色的 XK 跑车。

全新 XK 是新一代捷豹的标志，被誉为跑车领域里最具创意与灵性的车型，也是捷豹有史以来技术工艺最为先进的一款车型，同时还继承了跑车的精髓品质——真正令人震撼的驾驶体验。全新 XK 配备一款四凸轮轴、4.2 升自然进气 V8 发动机，在转速为 4100 转 / 分时可输出 420 牛米的最大扭矩。强劲的发动机带来超凡的运动性能，自然进气的 4.2 升 V8 XK 敞篷跑车和双门跑车具有电子限速 250 公里 / 小时的极速，敞篷跑车 0 ~ 100 公里 / 小时加速只需 6.3 秒，而双门跑车只需 6.2 秒。

全新捷豹 XK 最引人注目的特点在于靓丽动感的外观设计，别致的椭圆形隔栅开口、卓越的发动机盖凸起部分和实用的车背门设计，与经典的 E-Type 呼应；宽阔、强健的腰线和有力的车尾，创造出“紧抓地面”的强悍印象；动感的发动机盖和车顶线条使它看起来更加轻巧，仿佛具备运动家的体魄。全新 XK 的内饰将传统造车工艺和现代豪华材质相糅和：精美的缝制皮革与高科技感十足的抛光面板完美对比，车厢布局富有运动感，并配置符合人体工程学原理的高级环体座椅，拥有强烈的“驾驶舱”感受。全新 XK 最显著的制造特色体现在轻量车身技术上，采用先进航空制造技术的全铝合金承载式车身结构保持了超凡的硬度和车身的轻便性，而主动防护系统则提供了最高的安全保障。

捷豹全新 XK 将经典元素与尖端科技完美结合，性能卓越却又质感细腻，呈现出劲、力、美的运动风格。不但在造车工艺日新月异的今天能够如璀璨的宝石般闪耀，更在闪耀的光辉中，向过去的经典传奇表达最高的敬意。

捷豹XK 4.2L V8 双门跑车参数

驱动形式：前驱

最高车速（km／h）：250（电子限速）

理论油耗（L／100km）：综合 11.3

燃料种类：97 号以上无铅汽油

长／宽／高（mm）：4791／2070／1322

轴距（mm）：2752

整备质量（kg）：1595

发动机位置：前置

发动机型式：4.2L 32 气门自然吸气 AJ-V8

汽缸数：8

每缸气门数（个）：4

排量（ml）：4196

最大功率 hp（kw）／rpm：224／6000

最大扭矩（N·m／rpm）：420／4100

0～100 公里／小时加速时间（秒）：6.2

缸体材料：铝合金

缸盖材料：铝合金

冷却系统：水冷

内饰颜色：深色、浅色

内饰材料：伯尔胡桃木、细纹真皮内饰

方向盘表面材料：真皮

座椅表面材料：真皮

捷豹的 D-Type 赛车在 1955 年至 1957 年的勒芒赛事中获得了三连冠的伟绩。D-Type 是一辆专为比赛而造的战车，不适合在马路上驾驶。为了满足车迷的要求，1957 年，捷豹把 16 辆 D-Type 赛车配上改良过的 XK-SS 发动机，加上保险杠与车灯。D-Type 公路版便称为 XK-SS，0 至 167 公里 / 小时冲刺只需 16 秒，极速高达 240 公里 / 小时。后来由于厂房失火，全世界现只剩 16 辆 XK-SS，现在每一辆 XK-SS 身价都以百万美元计算。

捷豹一直以优雅迷人而又动感激情的设计闻名于世，C-XF 完全继承了这一传统。无论是外观还是内饰，C-XF 都令人眼前一亮。同时，这款概念车还运用了大量业界领先的创新技术，毫无疑问，它将是一款迄今为止最能体现捷豹惊艳风格的车。

更多先进的技术还体现在捷豹 C-XF 强劲的动力系统上，其采用捷豹久负盛名的 4.2 升机械增压型 V8 发动机的增强版，能产生超过 420 马力的功率和 500 牛米的扭矩。这种久经考验的动力装置与 6 挡自动变速箱以及捷豹循序手动换挡功能配合使用，能发挥出极佳的运动性能。如投入生产，捷豹 C-XF 的电子控制速度上限可达 250 公里 / 小时，不限速时最高时速有望超过 290 公里。

捷豹 C-XF 的线条由车身前部向后延伸，动感而含蓄；深陷车身正前方、闪耀着黑色铬金属漆光泽的格栅，华丽大气；棱角分明的车肩由 C 立柱延伸至紧紧收拢的车尾处，既保留捷豹车传统的设计元素，又成功地营造出不可思议的现代感，被誉为“捷豹有史以来完成的最激动人心的设计”。C-XF 的车厢自然也不同凡响，无论是可根据客户需要进行定制的前排轻量级凹背单人座椅、动感线性的铝金属拉丝面板，还是具有华丽质地的实木和特制无纹理的皮革所构成的黑色内饰，都带来焕然一新的奢华体验。

惊艳不仅仅体现于外观和内饰，捷豹 C-XF 还集成了诸多令人眼花缭乱的创新技术和功能，其中包括一些尚处于研发阶段的技术。闪耀着静谧蓝光的捷豹 C-XF 启动程序令用户能感受到捷豹汽车的生命与活力，名为“捷豹感应”的五个隐藏式传感器使系统能随用户手部的动作自动作出反应，带来极大便利。值得一提的是，捷豹 C-XF 是第一辆采用 WIC 线束系统技术的汽车，该技术一般只应用于航天领域和 F1 赛车，这使 C-XF 得以真正领先业界一步。种种令人惊叹的创新技术无疑是对捷豹非凡实力的最好证明。引领潮流的惊艳设计与令人惊叹的创新技术完美融合，捷豹由此诞生，它是现代感和动感十足的运动车。而随着捷豹 C-XF的诞生，以它为代表的新一代捷豹车一定会不断为世界车坛带来更大的惊喜。

玛莎拉蒂

亚平宁半岛上的优雅传说

现代科技、运动风格、优雅线条与精湛技艺。提起玛莎拉蒂，人们往往会想到这些词汇。玛莎拉蒂跑车将运动之美演绎到极致，这个被知名媒体称为“世界最美车型”的速度精英，为世人慷慨奉献正宗的意大利驱动艺术。

创始人
玛莎拉蒂四兄弟
创始时间
1914 年
创始地
意大利·波洛尼亚

玛莎拉蒂素有“跑车界的皇后”之称，在世界车坛早已闻名遐迩，曾经被众多国际著名媒体授予“杰出设计奖”、“世界最美车型”以及“未来第一经典名车”等奖项。自1914年创立以来，玛莎拉蒂在赛道赛、公路赛、山地赛、大奖赛、耐力赛、甚至在机动船比赛中获得过无数次胜利。对不同的人来说，“玛莎拉蒂”这个名字拥有不同的意义。如果你还记得早期的汽车赛事，就会想起阿尔菲力·玛莎拉蒂和欧内斯特·玛莎拉蒂这两位当年最优秀的赛车设计师和车手；对于一些人来说，这个名字还可能意味着那位驾驶“玛莎拉蒂”战胜梅赛德斯-奔驰的天才车手诺瓦拉利；而它又象征了TIPO250f在一级方程式比赛中的那些黄金岁月。

玛莎拉蒂的官方标准颜色叫做Blue Victory，即“胜利之蓝”，其车标造型取自海神的三叉戟，这一切仿佛都在暗示玛莎拉蒂拥有海洋般汹涌澎湃的力量，它曾经在意大利车手大奖赛中战胜过法拉利，它是唯一连夺两届美国印地安纳波利斯500英里大赛冠军的意大利车商；它的四门豪华运动车“总裁”在1976年被意大利总统选为国务专用车；它赢得了车王舒马赫的欢心、成为贝克汉姆与麦当娜等名人的私人座驾……在欧洲，玛莎拉蒂具有很高的知名度，其外观造型、机械性能、舒适安全性等各方面的技术都堪称一流。与那些一味追求性能与速度的跑车商不同，玛莎拉蒂跑车“于极速中不失优雅”的理念满足了高端人士“适度张扬个性”的需要，因为只有将个性与高品质相结合才能彰显身份和地位。

玛莎拉蒂最大特点是车内装饰品位优雅，处处反映出意大利的文化色彩：用胡桃木做成的方向盘、镶嵌着胡桃木的仪表板、镀金的棱形时钟、皮革座椅、宽敞的车厢——整个布局将现代与古典、豪华与雅致完美融合。

回顾30余年的参赛历史，玛莎拉蒂在近500场比赛中获得过好成绩，其中包括23个冠军，32个方程式锦标赛的胜利。从科罗拉多的拉力赛到威尼斯的快艇赛，玛莎拉蒂在赛道、路面、坡道甚至是赛艇比赛中皆游刃有余。

意大利是跑车的王国，而玛莎拉蒂公司更是真正的跑车圣地，其造车时间比法拉利还要早15年，更是早于法拉利在赛场上取得了辉煌。1914

玛莎拉蒂 3200GT

年，玛莎拉蒂家族四兄弟在意大利的波洛尼亚开办了一家生产汽车配件的工厂，主要业务是将爱索特法诗尼汽车改造，以便用于道路汽车赛。从 1923 年起，他们与一家叫迪亚托的汽车公司合作制造赛车参赛，1926 年迪亚托退出了汽车比赛，玛莎拉蒂四兄弟开始独立制造赛车，生产出采用 1.5 升直列八缸发动机、最高时速可达 166 公里 / 小时的 TIPO 26 汽车，并以家族姓氏命名。1926 年 4 月 25 日，历史上第一辆镶有三叉戟徽标的玛莎拉蒂轿车出现在 Targa Florio 赛场上，创始人之一阿尔菲力·玛莎拉蒂披甲上阵，驾驶 TIPO 26 获得胜利，玛莎拉蒂赛车一举成名。

二战以前，玛莎拉蒂在赛场上几乎横扫一切，阿尔法·罗密欧以及法拉利与玛莎拉蒂的竞争已经是二战结束后的事了。玛莎拉蒂公司相继推出 TIPO 26b、v4、4ctr、4cl 等经典车型，以性能与品质的完美结合赢得了诸如“意大利大奖赛”、“黎波里大奖赛”等赛事的胜利。

1932 年 3 月，创始人之一阿尔菲力·玛莎拉蒂永远告别了心爱的赛车事业，接着公司因经营不善而每况愈下，最终在 1937 年将部分股份出售给 Orsi 家族。重新组建的公司为开展更广泛的业务铺平了道路，玛莎拉蒂也取得了更大的成就。1939 年 5 月 30 日，TIPO CTF 赛车取得了美国印地安纳波利斯 500 英里大赛的桂冠，并在 1940 年成功卫冕，玛莎拉蒂成为唯一一家连夺两届美国印地安纳波利斯 500 英里大赛冠军的意大利汽车制造商。

诞生于 20 世纪末的玛莎拉蒂 3200 GT，澎湃动感、优雅雄豪。它拥有一切跑车应具备的元素，车身设计尤为典雅，一组中弧线形尾灯，把示宽灯、刹车灯、后雾灯一并浓缩。3200 GT 采用 3.2 升 V8 涡轮增压发动机，最大输出为 272 千瓦，扭矩峰值范围广阔，低转速输出强劲。这台呈 90 度夹角设计的发动机运转起来非常安静，0 至 166 公里/小时的加速能在 5.12 秒内完成。

1939年，玛莎拉蒂迁至今日享誉世界的摩德纳 Ciro Menotti 大街。1947 年二战结束，公司的第一个成果是 A6 1500 Sport，车身由著名设计师宾尼法利纳设计，它是玛莎拉蒂的第一款公路版双门跑车。

对玛莎拉蒂来说，20 世纪 50 年代初期的确是一段“爬坡”时期，来自阿尔法·罗密欧、法拉利的竞争迫使公司不得不考虑尽快摆脱战争的阴影并重组车队。1953 年，玛莎拉蒂赛车在意大利车手大奖赛中战胜了法拉利。1954 年，玛莎拉蒂 250f 夺得阿根廷大奖赛的桂冠，到了 1957 年，玛莎拉蒂在该项比赛中包揽前 3 名，这也成为公司赛车史上的至高荣誉。同年，250f 赛车赢得 F1 大奖赛车手冠军。

也是在 1957 年，玛莎拉蒂正式宣布退出车赛，尽管不再直接参赛，但其仍为一些私人车队制造赛车。1959 年，玛莎拉蒂为伊朗国王专门定制 5000 GT，并于 60 年代早期推出 Sebring 与 Mistral，而当时世界上最快的大型四门轿车“总裁”（Quattroporte）也问世了，它是玛莎拉蒂历史上第一辆汽缸夹角为 90 度，配有 V8 发动机的四门轿车，虽然拥有四门轿车的外壳，但本质上强调跑车的性能。时至 1968 年，玛莎拉蒂公司又相继开发了一些经典车型如“鸟笼”系列、ghibli 系列等。1976 年，新款“总裁”被意大利总统选为国务专用车，现在，“总裁”已经成为品牌的经典车款，新锐的创意延续不绝。

玛莎拉蒂的车标是在树叶形底座上放置的三叉戟，这是公司起源地意大利波洛尼亚市的市徽，相传三叉戟是罗马神话中海神尼普顿的武器，拥有巨大无比的威力。三叉戟象征了烟波浩渺的大海在澎湃咆哮，隐喻玛莎拉蒂跑车极速驰骋的强力。

玛莎拉蒂“总裁”的特别之处在于它同时具有轿车和跑车的特点，说它是跑车，因为它具有跑车的马力、装置和特有的线条；说它是轿车，因为它具有轿车的四门车厢以及豪华非凡的内饰。

时至 20 世纪 90 年代，意大利政府提倡采用跨公司甚至跨国的联合经营的方式集中汽车业生产能力和资源，以复兴本国汽车业。在这种背景下，菲亚特公司于 1993 年收购玛莎拉蒂

玛莎拉蒂 GranSport

公司，并于 1997 年 7 月将其 50%的股份移交给法拉利公司。3200 GT 是两厂合并后生产的第一部跑车，于 1998 年在巴黎车展上首次亮相，以完美造型结合优异性能而产生轰动。玛莎拉蒂重新跨入世界顶级 GT 跑车生产商的行列中，随后开始生产新款“总裁”车型。

玛莎拉蒂的成长在继续，配备卓越的 4.2 升 V8 发动机的新型 Coupé 双门跑车和 Spyder 敞篷跑车相继问世。在新时期，公司不仅凭借新一代“总裁”系列轿车和 GranSport 双门跑车这些尊贵而精致的车型重新进入世界车坛，还激情无限地重返赛车世界。值得一提的是，人们在 2002 年的北美车展上又看到了玛莎拉蒂的影子，“缺席”10 年后，这个有着“跑车皇后”美誉的品牌终于重返北美车坛。2005 年初，玛莎拉蒂的所有权由法拉利转移至菲亚特，从此，这两个意大利知名跑车品牌终于可以发挥各自长处以及工业和商业方面的整合优势。如今，玛莎拉蒂已经成为欧洲最先进的限量版跑车制造厂之一，公司每天限量生产 27 辆汽车，其中 18 辆为“总裁”系列，9 辆为 Spyder 敞篷跑车、Coupé 双门跑车以及 GranSport 双门跑车。

用“鸟笼”这个名字为一款车命名确实很怪异，玛莎拉蒂就这样做了。它的“鸟笼”概念车首发于 2005 年日内瓦国际车展，灵感来自 1961 年的“鸟笼”旧作，流畅的圆弧设计成为它被命名为“鸟笼”的原因之一。这款概念车是玛莎拉蒂协宾尼法利纳与摩托罗拉两家公司之力共同打造的艺术品。作为公路版概念车，“鸟笼”甚至符合了顶级赛车的标准，外部造型的设计将意大利人对艺术美感的追求诠释到极致。

2007 年，一辆玛莎拉蒂最新款“高级旅行跑车”亮相日内瓦国际车展，也许它的灵感来自公司第一款公路版车型 A6，也许那种“因激情而卓越”的精神在著名的 3500 GT 上已初露端倪，不管怎么说，这台车没有令任何人失望。

高级旅行跑车诞生的渊源最早可以回溯至二战后的 1947 年，也是在日内瓦车展上，玛莎拉蒂首先采用高级旅行跑车概念，与著名设计师宾尼法利纳合作推出高性能 GT 跑车 GranTurismo A6，它是公司第一款公路版车型，共生产 58 辆，因卓越的技术和前卫的造型而名噪一时。10 年之后，玛莎拉蒂又推出标准型高级跑车 3500 GT，它使玛莎拉蒂成为羽翼丰满的汽车制造商，从此，公司对生产公路版跑车的重视程度超过了赛车。有了这种渊源，承袭 20 世纪经典传统的全新 GranTurismo 显得颇具历史深意。

玛莎拉蒂 GranTurismo 从不会令人失望，车的内部空间豪华大气，能轻松容纳 4 人乘坐，即使进行长途旅行也能保证最大舒适性。GranTurismo 造型强健有力，具备出色的操控性、异常鲜明的运动风格和震撼人心的驾驶感觉，是一款令人兴奋的高性能跑车。它配备了 4.2 升 V8 发动机，最高车速为 285 公里 / 小时，0 ~ 100 公里 / 小时加速仅需 5.2秒，其自动变速箱带有自动调节控制系统，能根据驾驶风格和行驶条件调节换挡，而这些使

MASERATI
EXCELLENCE THROUGH PASSION
DVD
Internet
AUX IN
iPod
USB

玛莎拉蒂 Spyder

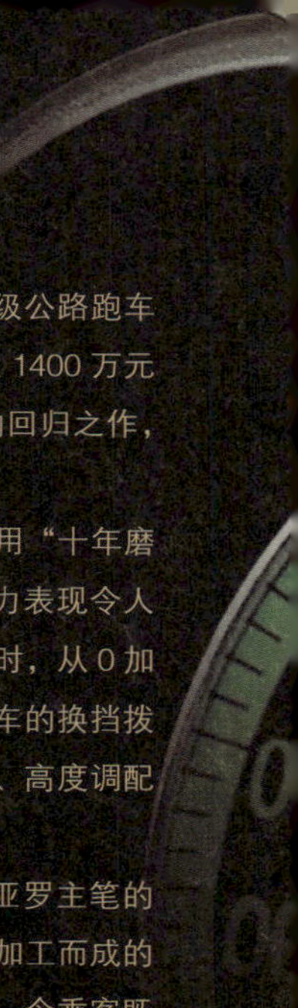

顶级

镇牌之宝

玛莎拉蒂 MC12

为纪念玛莎拉蒂光荣的赛车传统而生、堪称世界上最名贵的超级公路跑车之一、全球限量生产 50 辆——这就是在 2005 年上海国际车展上以 1400 万元天价售出的玛莎拉蒂 MC12！它是告别 GT 赛坛 37 年的玛莎拉蒂的回归之作，是三叉戟缔造的传奇。

法拉利-玛莎拉蒂集团将其最宝贵的技术财富都倾注于 MC12，用“十年磨一剑”来形容一点也不夸张。作为一款双座双门跑车，MC12 的动力表现令人吃惊：搭载 630 马力 6 升 V12 发动机，最高速度超过 330 公里 / 小时，从 0 加速至 100 公里 / 小时仅需 3.8 秒。MC12 的方向盘后装有类似 F1 赛车的换挡拨片，驾驶者通过按钮就可完成“运动模式”与“竞赛模式”之间的切换。尽管 MC12 是一款动力强劲、高度调配的跑车，但操纵起来却十分轻快流畅，令人备感舒适。

以往的玛莎拉蒂造型中规中矩，流畅的车身曲线设计得恰到好处。但由意大利著名设计师乔治·亚罗主笔的 MC12 绝对不同：蓝白色为主调的蚌壳式车身造型、巨大的进气孔以及数量众多的通风口使得由碳纤维加工而成的整个车身孔武有力，令人情不自禁地联想到当年的速度之王。MC12 的座舱有一个可以轻松拆卸的车顶，令乘客既能享受到敞篷跑车的悠闲，又可以躲避风雨。车内采用真皮座椅和舒适的内饰布局，真皮包裹的碳纤维材料方向盘风格简洁，仪表板清晰明朗，中控台上分布环境温度控制系统和信息显示系统。这一切使 MC12 带给驾乘者的不仅是舒适，更有飞一般的疾速感觉。

当全世界的车迷都对玛莎拉蒂 MC12 怦然心动的时候，当三叉戟又引发了收藏的热潮的时候，或许法拉利 Enzo 的最强竞争对手不是帕格尼 Zonda、奔驰 SLR 麦凯伦或保时捷 Carrera GT，而是玛莎拉蒂的 MC12——海神复活了。

玛莎拉蒂 MC12 参数

长 / 宽 / 高（mm）：5143 / 2096 / 1205

轴距（mm）：2800

油箱容积（L）：115

整车质量（kg）：1335

最高车速（km / h）：330

引擎：65 度夹角排列而成的 V 型 12 缸发动机

排量：5998ml

最大功率：465kw / 7500rpm

最大扭矩：652N•m / 5500rpm

压缩比：11.2:1

0 至 100 公里加速时间：3.8 秒

悬挂系统（前 / 后轮）：双叉臂带推杆、螺旋弹簧；双叉臂带推杆、螺旋弹簧

轮胎类型规格（前 / 后）：245 / 35 ZR19；335 / 35 ZR19

变速箱：“Cambiocorsa” 6 挡变速

得 GranTurismo 成为同级产品的一个参照标准。

Zagato 是一家诞生于 1919 年的汽车工作室，他们的研究对象不仅限于汽车还有飞机，他们的名字曾出现在上个世纪最重要的机械领域中，赢得了“永恒的经典”的赞誉。2007 年，Zagato 与玛莎拉蒂合作开发了玛莎拉蒂GS Zagato，在法拉利 575 GTZ 发表一年之后，玛莎拉蒂 GS Zagato 成为举世瞩目的意大利运动跑车。该车的设计灵感来源于 1954 年的玛莎拉蒂 A6 G Zagato——意大利有史以来最美的车型，直到今日，A6 G Zagato 仍是众多车迷心中的梦想。玛莎拉蒂 GS Zagato 作为一款纯正的小型双门跑车，采用全铝车身，整体造型时尚且不失古典的韵味，并具有“出色的曲线造型和一流的驾驶性能”。

玛莎拉蒂 GS Zagato 同它的前辈一样拥有发动机罩前的三叉戟标志，还有风翼上的 Z 字标，表达了意大利车型在外观内饰上保持永久的卓越性。超强的动力以及可信赖的机械性能，加上优雅的运动外观的必胜组合，都出自于严格的意大利制造。设计者表示，这部玛莎拉蒂 GS Zagato 的价值会随着时间的流逝而逐渐增加，而这也正是这辆车的制造理念：创造那种能够承载赞誉，体现品牌特征，不同于大多数量产车，为永恒而生的跑车。

个性化定制一直是实现梦想的捷径，玛莎拉

玛莎拉蒂“总裁”系列的车身造型特色鲜明，从车前看，两边前灯配上别具一格的格栅，格栅中间安置着公司的三叉戟标志，整个装饰有一种庄重威严的气势；从侧面看，车身侧围呈凹型，形似蜂腰，着力改善空气动力性能，具有典型的跑车形态，而整体上不会像纯粹的跑车那样夸张炫目。

玛莎拉蒂总裁系列

蒂的个性化定制项目给了客户丰富的选择，将意大利的车辆定制概念提升到一个新的高度。在为客户提供的目录上，有多种颜色和材料组合。例如，客户可以从 15 种车身颜色、10 种皮革内饰颜色、10 种仪表板和方向盘颜色、13 种缝纫针脚样式以及 3 种车顶内饰材料中进行选择搭配。除此之外，还有 3 种华美的木材可供选择：桃花心木、胡桃木和红木，每种木材都运用了精美的玫瑰木镶嵌工艺。客户还可以选择高科技效果的钛金属色内饰或优雅的黑色钢琴漆内饰。事实上，全部个性化选项都是为了提高车上生活的品质，彰显玛莎拉蒂的卓越气质。

在热衷于“速度”的同时，玛莎拉蒂一贯重视细节，例如方向盘上精致优雅的镀铬镶嵌装饰、座椅头枕上手工制作的三叉戟标志、手工精心加工的皮革条带和前座椅装饰等等。内饰皮革材料的品质与触感均属一流，带来绝妙的视觉与触觉享受。每一辆玛莎拉蒂都非常与众不同，因为它们具有无法模仿的特殊气质，代表着非凡的品质、永恒的风格和强烈的情感，它们拥有卓越的性能和尖端的技术，将运动元素与优雅个性完美结合。

萨林S7

可望而不可即的“上帝之车”

萨林 S7 跑车以近 70 万美元（欧洲市场）的天价，荣登《福布斯》杂志 2005 年“世界上最昂贵的十款汽车”排行榜之首。极速超过 400 公里 / 小时，最大功率750马力，S7曾被称为是“一头双涡轮增压发动机推动的怪兽”，不过这个华美前卫的“怪兽”却代表了美国本土超级豪华跑车的最高品质。

创始人

斯蒂夫·萨林

创始时间

1983 年

创始地

美国·特拉华州

现在有一种流行的说法：教皇开的车是法拉利，而上帝驾驶的是萨林。经典电影《007》造就了永远的时尚人物詹姆斯·邦德，同时也让原本不怎么出名的阿斯顿·马丁跑车一夜成名。这样看来，电影《冒牌天神》中，“冒牌天神”金凯瑞的座驾萨林 S7 超级跑车，后来被誉为“上帝之车”也是顺理成章。2005 年 10 月 18 日，S7 第一次来到中国，参加“上海国际顶级私人物品展”，标价 120 万美元，成为全场瞩目的焦点。

“S7 年产量仅 75 辆，相当于美国版的法拉利，而且比法拉利速度更快。”萨林汽车的创始人兼总裁斯蒂夫·萨林说。当时，《福布斯》杂志公布的 2005 年度“世界上最昂贵的十款汽车”的排行中，S7 名列榜首。尽管在美国本土福特野马 GT 拥有更大的市场，但萨林 S7 绝不逊色于野马。只是它令不少车迷体会到了“可望而不可即”的遗憾，其在美国的售价为 55.5 万美元，这让很多人都无法接受，一般法拉利、宾利和劳斯莱斯的售价也就在二三十万美元左右。据说北美的商业、娱乐业大亨才是萨林车忠实的拥护者，想想看，除了他们，还有谁会这样“挥金如土”？

海岸线狭长、阳光充足的加州是享受极速驾驶的人们的天堂，那里的萨林工厂以及顶级跑车 S7 专门展示中心，可谓美国本土超豪华车的象征。最初的 S7 街道版本诞生于 2002 年，是唯一能在美国公路上合法行驶的动力超过 500 马力的跑车，也是唯一的中置引擎超级街道跑车，当年被很多汽车杂志公认为“世界上速度最快的量产车”。不负众望的赛车版 S7R 曾在勒芒大赛上取得了很好的成绩，而现身“上海国际

顶级私人物品展”的那款 S7 是萨林在 2005 年推出的 S7TT 双涡轮增压版本，7 升 V8 铝制发动机功率输出达到了令人惊讶的 750 马力，百公里加速仅需 2.8 秒，近乎贴地飞行！这款 S7 的最高时速超过 400 公里，比 348 公里 / 小时的法拉利顶级战舰“恩佐”高出许多，威猛自不待言。

因为萨林的产品太另类、精致、稀少，甚至无法融入社会大生产，很多时候只能“闭门造车”。

萨林，这个诞生于 20 世纪 80 年代的豪华车品牌一直藏身在美国本土自得其乐，很少主动渗透到海外市场。虽然很多时候萨林被称

萨林 S7

为"美国著名的福特野马改装厂"，并且经常为一些车手和客户改装爱车，但它现在已经是完全意义上的造车公司，而不是改装公司。萨林拥有独立的造型设计专家团队以及配备各种先进专业软件的计算机工作站，具有样车试制的全套装备，能够独立完整地设计、开发和制造用于自家整车上的特殊性能的发动机系统及部件，可以自己制造高性能树脂纤维车身覆盖件，并完成涂装工艺。

创始人斯蒂夫·萨林先生对机械技术的热爱来自于从事制造业工作的父亲的熏陶，而年轻时的职业赛车手生涯则造就了他对制造高性能车的执著与痴迷。当年，斯蒂夫从汽车越野比赛起步，迅速升级到美国赛车俱乐部（SCCA）的预赛段（大西洋方程式），最后进入印地安纳波利斯 500。这些身体力行的参赛经历使他非常了解汽车的

禀性并清楚应该从何处着手以提升赛车的性能。

1984 年，斯蒂夫·萨林在美国东部的特拉华州创立了萨林公司。同年，第一辆萨林汽车准备销售，它采用特殊空气动力学原理，带有一个引人注目的高性能驾驶室和一个精致的驾驶操作悬浮吊板，每辆车都带有单独的系列号码，以保证“货真价实”。不过，萨林成立初期大部分时间都是为一些车厂生产高性能的零部件或者某些高性能的车型，例如最为知名的以福特野马为基础改造而来的一系列车型，包括灵感源自 1990 年野马 GT 的萨林 SR 型、带机械增压的 SSC、基于野马 SVT 的 S351R、级别比 S351R 稍低的 S281。诞生于 1996 年的 S281 至今仍然非常受欢迎，而且不断推出新的改良版本，最顶级的莫过于使用机械增压系统的 S281 终极版本，4.7L V8 引擎被改良至能发出 550 匹惊人马力，不过这台引擎的内部机件已经和野马引擎没有太多关系，因为萨林作出了全新的设计。

在为福特做了十几年的专业改装后，萨林积累了大量汽车制造经验。同时，直到 20 世纪 90 年代中期，公司仍然积极参与美国各种顶级汽车赛事，获得过无数的胜利和荣誉，并运用赛车经验不断改善公司开发的公路用跑车的性能。如今，萨林已累计生产超过 1 万辆通过美国环保署认证的汽车，超过美国任何专业汽车制造商。萨林公司在美国本土有很多忠实的拥护者，因为制造者和使用者都是狂热的车迷和玩家，这种心心相印的“关

顶级

镇牌之宝

萨林 S7TT 双涡增压版跑车

S7TT 采用碳纤维材料制成，车身上有数处“鱼腮”造型，后向延伸扩展的车身给人以强烈的“肌肉感”，而侧刀状向上抬起的车门则让 S7TT 拥有一种“未来战车”的意味。萨林 S7TT 跑车带给驾驶者完美的驾驶感受，车内座椅采用不对称结构，驾驶座相对副驾驶座更靠近中心，这样的设计增加了驾驶室空间，提高了舒适性，便于车内重量平衡的分布。此外，通过调节驾驶座上 6 处旋钮及一个压缩齿轮，身材魁梧的驾驶者同样可以享受到舒适的驾驶环境。车内座椅和内饰都是用上乘的牛皮和小山羊皮制成的，其中空调系统、电动门窗、远程控制门锁、电加热前挡风玻璃、间歇式可调刮雨器、真皮包裹方向盘和 AM / FM / CD / DVD / TV 等影音系统都是 S7 的标准配置，此外少数特别版本中甚至还装有导航系统和高抛光车轮。也许 S7TT120 万美元的售价令人望而却步，超过 400 公里的最高时速也未免太过“凶猛”，然而还是有很多人为之心醉，S7TT 车主的共同点就是：热衷于永远的冒险，寻求无尽的刺激，并且，最关键的一点——挥金如土。

萨林 S7TT 双涡增压版跑车参数

发动机：7000cc　V8 双涡增压

动力：750bhp / 6300rpm

引擎：750 匹马力的 V8 引擎

安全带：4 点式

长 / 宽 / 高：4775mm / 1989mm / 1041mm

车重：1340kg

0 ~ 100 公里 / 小时加速时间：2.8s

最高速度：386 ~ 419km / h

萨林 S5S

系营销”成为公司的生存根本。萨林拥有提高汽车性能的专业技术，所以除了生产成车，它还为特殊用户的爱驾作改装，至今已改装了 60 万辆。目前，萨林汽车公司还承接着福特 GT 跑车的组装工作。

萨林在底特律的工厂貌似科研单位，装潢风格又像艺术展厅。在夕阳的照射下，漂亮的样品车更是显得凹凸有致。如果你进入车间，就可以一睹所谓“手工造车”的真容。与遍布流水线的工厂不同，这里的工人们都有非凡的手工技能。不过，这个工厂主要是为赫赫有名的福特 GT 跑车做代工生产。福特 GT 也是个性化十足的非量产车，萨林曾经与其签订了 4 年合同，制造 4000 辆 GT。车厂的福特 GT 产量是一天 9 辆，为 GT 代工利润并不是太高，福特 GT 市场售价约 15.5 万美元，而萨林的 S281 则可以卖到 38 万美元，利润可观。近年来，萨林将分厂开到了加拿大和沙特阿拉伯，因为那里一掷千金的玩家非常多。

据说萨林的观景天窗零售价为 3999 美元；萨林的活动顶篷价值 1299 美元；包括导流器运动杠、三件式汽车后座护面在内的套装零售价高达 2550 美元……但这还都是“表面功夫”，萨林 S7TT 的配置才是集科技、工艺以及人性化设计于一身的至尊经典。

20 世纪 90 年代，超级跑车制造商们在马力和扭矩上不断有所突破，

而萨林的S7则正是其中的代表之作。最初的S7及S7R的产量并不高，每年只有25台左右。后来，当不可思议的动力变得十分普遍，萨林的设计师们就开始计划为S7制造一款汽缸容量为7L的引擎，并采用最新赛车引擎技术“双涡轮增压”来提高S7的马力和扭矩。2005年，动力更为惊人的双涡轮增压版S7（S7 Twin Turbo）终于诞生了！全铝7升双涡轮增压V8引擎达到每分钟6500转，每缸两个气门，装备6速手动换挡箱。此款引擎充分使用太空材料和技术，包括不锈钢阀门、钛金属制活瓣、铍材料的排气阀座、一个铝质的节流装置、铝质汽缸盖和不锈钢排气系统，集成了萨林独特的旁侧水泵、轮带式凸轮轴推进和机油传输系统。

萨林重新制作了铝合金锻造活塞、连杆、特制曲轴等中缸部分，缸盖也是自家制作。可以这样说，除了部分设计参数外，S7TT上的这台V8引擎是全新的。在两具滚珠轴承的涡轮增压系统帮助下，S7TT达成750匹马力的惊人输出功率！除了拥有一系列超级配置，这款车跑得飞快的另一个原因就是重量很轻。S7整个车身采用碳纤维材料，高度只有104.1mm，经过风洞实验室进行测试，能在高速行驶中为车辆提供足够的下压力并减低

风阻。

中置引擎的设计很好地分配了全车的重量，提供足够的引擎舱空间，空气从引擎顶部进入，通过一个90毫米的集气装置流入碳纤高压管，之后分别进入两个涡轮中增压到5.5个大气压，最后通过椭圆形节流装置进入8个独立的汽缸之中。

此外，萨林在追求动力的同时更注重环保，采用OBD-II系统，每个汽缸组都配有热氧化传感器及一个大容量的蒸汽喷射系统。S7TT在车身空气动力学方面也下了大功夫，萨林的设计师们为它重新设计了后导流板和前挡泥板，从而进一步强调了S7圆滑、流畅及符合空气动力学原理的车身轮廓。

为了配合双涡轮引擎发挥出最佳性能，S7TT重新设计了蜂巢形框架底盘，而车架及悬挂系统则由萨林与英国赛车改装技术专家RML合作而成。前后悬挂均为双摇臂式配轻铝制吸震筒及弹弓，每个悬挂点都进行了调试，根据几何学原理使车身在加速和制动时受到最小的震动。

很明显，萨林S7超级跑车的主人会拥有更多的驾驶乐趣，强劲的马力使S7在0～160公里／小时加速时间少于8.1秒，速度提升的同时，很高的转向灵敏度使S7的操控颇具赛车风格，任何微小的方向修正都会令车轮产生变动……也许你一辈子当不了“上帝”，但这并不妨碍你尽情欣赏萨林跑

萨林 S7

车的华美与激情。

萨林公司在 2008 年纽约国际汽车展上推出了一款可使用乙醇燃料的环保概念车——猛禽 S5S。就外观上来讲，猛禽 S5S 可说是威风十足，那两个犹如圆月弯刀的前大灯充满威慑力，大灯下方的超大进气口也暗示了其澎湃的动力需求。优美而又不失刚毅的线条由车头一直延伸至车尾，从侧面看仍存有 S7 的遗风，但是尾部的设计却要比 S7 简洁许多。

这款概念车配备 5 升 V8 增压发动机，最大输出功率可达 650 马力，扭矩更是高达 854 牛米 / 4400 转。强大的发动机被安放在车身中部，动力经过 6 速手动或顺序式变速箱输出到宽大的后轮上。MR（中置后驱）的布置，保证了这台超级跑车的运动性能，其百公里加速仅用 3.2 秒，最高时速轻松突破 322
公里 / 小时。更值得一提的是该车发动机以 E85 乙醇燃料驱动，援引萨林公司董事长兼首席执行官保罗·威尔伯的话说：“这款车既强悍又清洁。”

与此同时，萨林还推出了一款只生产 300 部的限量版野马跑车 Gurney。

帕格尼

傲视群雄的“风之子”

每一辆交付客户的帕格尼皆具有超强的动力性能以及手工制作的尊贵品质，这使得帕格尼跑车的身价愈发不凡。如果你想做驭风之人，那么帕格尼就是风。

意大利超级跑车生产商帕格尼的总部位于拥有“速度硅谷”之称的摩德纳小镇，帕格尼上市将近十年，全球量产也不过几十部，即使有幸在路上巧遇它，因其 0 ~ 100 公里 / 小时加速 3.7 秒的实力，人们通常也只能对着它模糊的背影发出赞叹。帕格尼完美的手工足以与法拉利相媲美，而其张力十足的个性敢与保时捷、兰博基尼等一较高下！

帕格尼跑车均以 Zonda 命名，意为“安第斯山脉的风”，帕格尼也被人称为“风之子”。如果将汽车业内人士对超级跑车的所有描述都汇集起来，那么它们也一定可以用来描述经典的“风之子”：仅 1250 千克的全碳纤维车身与车架完成了伟大的“轻量化”梦想；奔驰 AMG 的 7.3 升 V12 发动机足以让同级别跑车未战先溃；而 354 公里的最高时速、750 牛米的扭矩以及百公里加速 3.7 秒的成绩则称得上是跑车界的奇迹！如果让每个孩子任意设计一款跑车，最后将所有的设计亮点都集中到一起，那么帕格尼一定是最后的结果。它像从科幻世界来到现实之中的战车，有着奇特的外形：两个可爱的反光镜像触角般竖起，安装在战斗机驾驶舱一样的车身之外；

创始人
赫拉齐奥·帕格尼
创始时间
1988 年
创始地
意大利·摩德纳

猛禽尖喙般的车头似乎要“教训”敢于挡在车前的所有对手；猎豹一样的流线造型勇猛中不失靓丽；尾部四个尾喷管直指天空，令人联想起导弹发射器，毫不掩饰对身后弱者的挑衅与嘲讽。

与那些从流水线上走下来的汽车不同，帕格尼并不纯粹是工业化的产物，它身上展示更多的是执著的个性坚守以及迷人的手工传统。世界上没有两部完全相同的帕格尼，因为在生产时，车厂会充分考虑车主的意愿，甚至会请车主到工厂来亲自决定材料、颜色等细节，包括动力和悬挂的调校等问题。如果你对满街所谓的“豪华车”已经厌倦，又希望能给自己的个性添加一个极致的注解，那么毫无疑问帕格尼 Zonda 最能诠释你的野心。

因创始人赫拉齐奥曾经参与设计了著名的兰博基尼“鬼怪”，他的经典之作“风之子”不断挑战着世人想象力的极限，使帕格尼成为名副其实的跑车贵族，在法拉利、兰博基尼的光环下，它仍然被称作“意大利璀璨的珠宝”。

拉丁美洲有两位家喻户晓的民族英雄，一个是墨西哥的剑侠佐罗，另一个就是被称为“魔鬼胡安”的阿根廷车坛怪杰胡安·曼纽尔·范吉奥，他曾经在 1951 年到 1957 年间夺得了 5 次 F1 世界冠军！若干年过去了，这片神奇的土地又诞生了一位世界瞩目的造车“怪杰”：赫拉齐奥·帕格尼。在阿根廷出生的帕格尼自幼就是范吉奥的崇拜者，1982 年，已是赛车设计师的 26 岁的帕格尼依然默

帕格尼 Zonda 的造型经过风洞测试，深下颌进气坝、车尾扰流板与气流扩散器可以在 297 公里/小时的高速行驶中对车身产生 500 千克的下压力，加之车身比重均匀，即使在超过 300 公里/小时的超高时速下仍可以行驶得四平八稳。楔形的车鼻和水滴状玻璃车厢与参加 GT 耐力赛车型极为神似；中央一分为二的车尾扰流板散发与众不同的魅力；车尾的排气管令人联想到勇猛的喷气式飞机。Zonda 优美的造型，足以与兰博基尼的“鬼怪”和法拉利的“恩佐”相媲美。

帕格尼 Zonda R

默无闻，范吉奥对他说：“你若想制造出世界上最美的车，就一定要去意大利的摩德纳实现梦想。”

年轻的帕格尼听从范吉奥的建议，来到位于摩德纳的兰博基尼超级跑车公司，成为一名组装工人。后来，帕格尼不仅参与了兰博基尼著名的“鬼怪”车型设计，更超越时代地指出碳纤维将是未来最重要的造车材料。10年之后，帕格尼成立了自己的摩德纳设计工作室，并在范吉奥的鼎力帮助下，顺利获得最顶尖的奔驰AMG发动机。本来，帕格尼打算将自己的跑车命名为“帕格尼·范吉奥”，可惜车神范吉奥在车尚未问世时便过世了，帕格尼不忍再用前辈名讳。1999年正式推出自己的作品时，帕格尼取“安第斯山脉的风”之意，称其为“Zonda”。

摩德纳的30个工匠为帕格尼手工打造出他用17年设计的首款帕格尼车，1999年，第一代帕格尼Zonda C12静静停在日内瓦车展的展台上，惊艳的外形吸引了无数目光。Zonda C12是一辆拥有碳纤维车身结构、中置发动机的超级跑车，当时就有很多收藏家和车迷意识到该车的价值。后来的事实也证明，Zonda C12除了与生俱来的极速天赋，也确实为拥有者们带来了丰厚的升值回报。2000年春，帕格尼推出了Zonda C12 s新品豪华跑车，合成材料车身，搭配奔驰AMG550马力V12发动机，当年成功卖出9辆，售价40万美元。如今，这款车的年销量已达二三十辆。帕格尼坚持不再扩大生产，因为公司相信“精品”只能限量，“精品”也仅仅属于那些真正懂车的人。

帕格尼 Zonda

从最大功率 555 马力的 Zonda S，到 0～200 公里 / 小时加速仅需 9.8 秒的 Zonda F，奔驰 AMG 的 V12 发动机赋予帕格尼极强的动力与极佳的性能，每一辆“风之子”的极限速度都不低于 320 公里 / 小时。

“帕格尼的 Zonda S 绝非寻常！”这是人们对 Zonda S 的评价，它也确实是一款极有激情的敞篷跑车。与传统的敞篷跑车相比，Zonda S 并没有采用千篇一律的造型，也明显抛开了帕格尼一贯的箭头车身理念，它的翼子板呈明显的外拱形，两个外后视镜高高支在 A 柱上，非常桀骜不驯。车身长度差不多有 4.4 米，宽度超过 2 米，高度却小于 1.15 米。无论从任何角度看，帕格尼 Zonda S 都会给人一种牢牢贴地的感觉。帕格尼开发的 6 速手动变速器操作非常便利，转向系统指向也十分精准，再加上理想的前后配重，这一切使 Zonda S 拥有了出色的操控性能，无论何种路面都能从容应付。

Zonda S的内饰选材非常独特，有坚韧无比的碳素纤维材料，也有干净素雅的铝金属材料，还有温馨的皮革部分，加上简洁前卫的仪表设计，实在令人眼前一亮。两个坐椅头枕后面非常结实的“静风墙”很像一级方程式中的专用设计；仪表盘上400公里/小时的极速值不由得让驾驶者心生敬畏；铝质红色启动按键就镶嵌在正前方，轻点开关，身后巨大的发动机随即旋转。Zonda S的基本售价是48万欧元，搭配排量7.3升V12发动机，由奔驰AGM手工完成，最大功率达到555马力，0～100公里/小时加速仅需3.7秒，4050转/分时可输出最大750牛米的扭矩，发出的声音犹如低沉的背景音乐。4个巨大的排气筒被安装在Zonda S的正后方，蓄势上翘，十分勇猛，里面的“隆隆”声足以令人联想起火箭推进器。

顶级

镇牌之宝

帕格尼 Zonda C12 s

帕格尼的入门级跑车 Zonda C12 于 1999 年亮相日内瓦车展，以独特的魅力引起世界的关注，同时也为跑车王国即将上演的一场经典剧目奏响了序曲。Zonda C12 s 作为 C12 的后续车型，于 2001 年上市，同样搭载奔驰 AMG 的 7.3 升 V12 引擎（这也是堪称赛道之王的 CLK GTR 跑车采用的同类引擎）以及一款 6 速手动变速器。Zonda C12 s 的输出功率高达 555 匹马力，足以让 0～100 公里/小时的加速在 3.7 秒内完成，极速更高达 354 公里/小时！这些数字说明 Zonda C12 s 完全可以击败捷豹 XJ220、布加迪 EB110、法拉利 F40 及 F50，至于车身较重的奔驰 CLK GTR 也极有可能不是它的对手。

Zonda C12 s 拥有碳纤维材料所制的轻量化车体，为了适应竞技性行驶的需要，车架的刚度明显增强。由玻璃钢材料制成的车厢前后均增加了钢管支撑，致使整个车身抗扭曲性能大大加强。在 C12 的基础上，s 款将车身又延长了 5 厘米，车前区更尖利，高高耸起的尾部线条更夸张，造型惊世骇俗。

帕格尼 Zonda C12 s 的底盘搭配 ABS 及牵引力控制系统，确保驾驶者拥有平稳的操控感，而它的轮毂与轮胎，则由米其林专门设计，完全符合这部超级跑车的行驶特点。Zonda C12 s 上市后立即成为帕格尼的畅销经典车款，也是品牌旗下最为凶悍的一款杰作。2003 年帕格尼又推出 Zonda Roadster，即 C12 s 的敞篷版本，动力上同样搭载 AMG 的 7.3 升 V12 引擎，内饰布局与 C12 s 稍有不同，而底盘设计与动力指标则延续了 C12 s 的精髓。敞篷版的造型时尚前卫，丰富了 C12 s 的车型，为帕格尼的尊贵客户们提供了更多的精彩选择。

帕格尼 Zonda C12 s 参数

驱动形式：前置四驱

最高车速（km / h）：354

长 / 宽 / 高（mm）：4395 / 2055 / 1151

油箱容积（L）：70

整备质量（kg）：1250

发动机特有技术：汽缸自动关闭、同相位双源点火

汽缸数：12

排量（ml）：7291

最大功率（kw）：408

最大功率转数：5900

最大扭矩（N·m）：750

0～100km / h 加速时间（s）：3.7

变速器型式：6 挡自动

前、后悬挂类型：全铝 A 型独立防翻滚弹簧，Olhins 可调避震，顶部加强杆

驱动方式：中置后驱

轮胎规格：前 255 / 40　ZR18　后 345 / 35　ZR18

车门数：2

座位数：2

帕格尼 Zonda F

帕格尼 Zonda Roadster F 是衍生自 Zonda F 的敞篷版，全球限量生产 25 辆。Zonda Roadster F 匠心独运，即便是一个后视镜的固定接座，帕格尼也精雕细琢。帕格尼曾经说：“一个鉴赏家何须介意它跑多快呢？光是欣赏就够了！”话虽如此，但 Zonda Roadster F 的实力绝对不容小觑，0~200 公里/小时加速仅需 9.8 秒！虽然帕格尼认定 Roadster F 是一辆公路跑车，但除了豪华的内饰之外，它带来的所有驾驭感受，早已与一部赛车相差无几。

2005 年，在跑车“圣城”摩德纳的一个小工作间里，帕格尼的工匠们凭借精湛的手工技艺再次奉献一款震惊世界的超级跑车——帕格尼 Zonda F。这款车是为了纪念曾经叱咤风云的著名 F1 车手胡安·曼纽尔·范吉奥，F 即是“范吉奥（Fangio）”的首字母。相比帕格尼 Zonda S，Zonda F 的动力更强大、操控更敏捷，它不仅是外形上的全新改变，更在技术上大胆革新，60%的部件配置与前作不同。

Zonda F 同样使用奔驰 AMG 的 V12 发动机，排量 7.3 升，6150 转 / 分时能输出 602 马力的功率，4000 转 / 分时的最大扭矩也从原来的 750 牛米增加到 760 牛米。揭开发动机盖，AMG 的两个三角形集气箱闪闪发亮，通过复杂的流体力学公式计算而敲定的内部形状使各个汽缸的进气都均匀而充足。

驱动系统的所有部件都选取更轻的材质，整车重量只有 1230 千克，仅次于有史以来最轻的量产超级跑车——麦克拉伦 F1。帕格尼 Zonda F 的 0 ~ 100 公里 / 小时加速时间为 3.6 秒，0 ~ 200 公里 / 小时加速达到令人震惊的 9.8 秒，极速可达 345 公里 / 小时！测试车采用碳纤维材料所制的新型刹车盘，性能明显优于传统钢制刹车盘，从 200 公里 / 小时到静止的刹车时间仅为 4.4 秒！当然这套刹车系统属于选装，价格高达 17250 欧元！不过对于 Zonda F 那些尊贵的车主们而言，用这个价钱买来“锦上添花”还是非常值得的。

配备了大功率发动机的Zonda F的油门反应异常敏捷，操控性极佳。在1000转/分状态下挂上6挡直接起步，这个对于普通轿车来说需要反复加速变挡或必须在高转速下才能完成的任务，对Zonda F而言只是小菜一碟。Zonda F前轮尺寸255/35 R19，后轮335/30 R20，配置抓地性能极佳的米其林特制Pilot Sport 2轮胎，加上ESP稳定系统的作用与灵活精准的转向，你会感叹：原来野马也这么容易被驯服！Zonda F比前作Zonda S长10厘米，向前延伸的鼻翼给它带来更大的下压力，57万欧元的售价倒是与其尊贵的品质非常吻合。

最高时速超过350公里的Zonda R，百公里加速时间却低于3秒！2008年3月，10辆Zonda R问世，售价120万欧元。

2006年9月，车厂完成了Zonda R的第一份设计草图，并得到梅赛德斯-奔驰AMG的援助，获得了轻量化、低

帕格尼 Zonda F

重心，且能输出750匹马力的引擎，即GT赛道的王者CLK GTR的7.3升V12引擎，最大扭矩710牛米，最高车速超过350公里/小时，0~100公里/小时加速甚至不超过3秒！Zonda R全车只有10%的零件与Zonda F共享，为了增加底盘在赛道的稳定性，轴距部分增加了47mm，车身全长增加了394mm。尽管Zonda R是以驰骋赛道为目标打造而成，但其质量仍达到了道路用车的标准。Zonda R的车体也经过改良，加长的前保杆及襟翼、可调式尾翼、平整的底盘及后车底扰流板都提供了惊人的空气动力学效果，使驾驶者体验前所未有的过弯速度，即使在低速弯道，仍能提供足够的下压力。

帕格尼车厂将Zonda R的量产时间定在2008年3月，10辆这样的跑车问世。虽然该车的售价高达120万欧元，但有6辆已被提前预定。

帕格尼Zonda车系可以说是典型的“全球组装”，零件来自天南海北。除了采用著名的AMG引擎外，其他皮革、悬挂、制动等组件，也都是设计好了委托外厂代制，制成后送回摩德纳由设计公司完成组装。正因为这种组装模式，所以每部车都可以按照车主要求增减装配。帕格尼跑车属于“物以稀为贵”，客户订车至少得等9个月车厂才能交车，但这丝毫不会影响车主们的兴致。

虽然帕格尼的历史不算悠久，但与世界很多昙花一现的跑车生产厂相比，这个意大利的新一代超级跑车品牌有着得天独厚的发展优势。因为在自行生产超级跑车之前它就已经是一家成功的合成

帕格尼 Zonda R

组件供应商，所以车厂财政稳定；其次，帕格尼与梅赛德斯-奔驰的 AMG 关系密切，后者为其供应动力强大的 V12 引擎，无形中又节省了研发成本；另外，它在制造碳纤维车体方面具备专门知识和专业人才，而车厂主人赫拉齐奥·帕格尼又堪称优秀的跑车设计师，对速度的追求拥有无比的热忱。

当一部跑车的速度快到让任何一个对手都难以比肩，它就可以被称作跑车世界中的超级明星了。帕格尼 Zonda 就是这样一个明星，它有着意大利式的完美设计，德国式的精准装备，每一次出场都受人瞩目，令人狂喜。Zonda 的意思是“安第斯山脉的风”，帕格尼跑车一直被称为“风之子”，它就像疾驰于陆地之上的一股强风，代表着自由、梦幻与热血沸腾。

科尼赛格

演绎低调奢华的北欧精品

来自瑞典的科尼赛格诠释着跑车王国中的“北欧风情”——简约、流畅、雅致并充满创造力。“Koenigsegg”一词有“刀锋”之意，象征当仁不让的气度与雷霆万钧的能量。当然，科尼赛格是个袖珍车厂，每年也只有几十辆的产量而已。对于科尼赛格，有这样一句话：买它就得懂它。

创始人
克里斯汀·凡·科尼赛格
创始时间
1994 年
创始地
瑞典·安吉荷姆

1995 年科尼赛格开始制造第一辆原型车 CC。克里斯汀面临的最大难道是：他需要使用 3D 设计软件创建、测试和改进车辆的设计。经过多方面考察，他和首席工程师弗德曼选择了 SolidWorks 软件与 COSMOS 分析软件。此后，它们在科尼赛格的汽车设计中发挥了巨大作用。工程师们放弃了一直沿用的手工绘图，再不必像以前那样不停地刮擦，也不用在出现错误时全部重新绘制了。

超级跑车领域一向是德国人和意大利人的天下，然而科尼赛格跑车的出现打破了这种局面，这个来自北欧的年轻的跑车品牌，一出世便获得“法拉利的真正对手”与“综合指数第一”等种种赞誉。这种跑车经常被中国车迷称为“幽灵跑车”，原因是每辆科尼赛格跑车上都有一个幽灵图案的标识。科尼赛格是只为寻找极限突破的人而存在的钢铁机器，387.87 公里 / 小时的速度纪录足以令所有对手望尘莫及。当然，它那与 F1 赛车旗鼓相当的技术理念，以及表现出来的超凡的想象力，更是激动人心！

与阿斯顿·马丁、保时捷等老牌跑车生产商相比，创立于 1994 年的科尼赛格实在是太年轻了。至今，除了第一款原型车 CC 之外，科尼赛格只推出了属于同一车系的 CC8S、CCR 以及 CCX 三款量产车。但是，短暂的历史并不等于“平庸”。2004 年 CCR 问世之初，就在意大利纳尔多跑道上跑出 387.87 公里 / 小时的成绩，以绝对优势打破了迈凯伦保持了十年的量产车时速纪录，震惊了世界车坛！因为每辆“幽灵”都包含着纯正的手工技艺、精致的配件，为求得最佳性能而不计成本，所以科尼赛格跑车非常昂贵。在美国，CCR 与 CCX 的售价分别为 60 万美元与 70 万美元，而在中国，加上关税、购置税与保险，一辆 CCX 更是价值 1500 万元左右！

然而“北欧幽灵”却是物有所值的典范，它拥有赏心悦目的线条和令人无法抗拒的美感，整体造型借鉴鱼的形状：流畅的顶棚线条、华美的挡风玻璃、短小另类的车尾……这些设计元素搭配在一起带来强烈的视觉冲击力。科尼赛格跑车的翼式车门以优雅的角度掀开，门框边缘在开启关闭时的轨迹是精心设计过的。座椅、转向盘甚至踏板都可以调整，内饰大胆雅致，充满北欧风情。

科尼赛格的 V8 发动机采用机械增压设计，使用特别开发的双螺旋式压缩机和钛材料的排气系统，令发动机在峰值 6900 转 / 分时输出令人难以置信的 806 匹马力，最大扭矩可达 920 牛米。在强大动力的支持下，科尼赛格百公里加速仅需 3.2 秒，10 秒后可突破 217 公里 / 小时！当然，完美的空气动力学设计对速度也有不小的贡献。按下“幽灵”跑车的启动按钮，开始享受动力交响乐吧：碳纤维排气管强有力地排气，钛合成金活塞欢快地敲打……科尼赛格正等待着你进入它的速度王国。

科尼赛格 CCX

科尼赛格是有名的“袖珍”车厂，目前只有 29 个全职人员，可以同时进行 7 辆车的装配。全职人员包括 4 名工程师、3 名研发人员、4 名组装技师、4 名前工序人员、2 名发动机装配工、5 名总装配工、2 名仓库管理人员以及 5 名负责公关、营销、行政的管理人员，其他职位则根据需要由兼职人员担任。

1994 年，22 岁的科尼赛格心中有了一个想法——打造时速超过 400 公里的跑车！于是瑞典诞生了一家袖珍车厂，之后车坛迎来了一辆名为“CC”的超级跑车，它被瑞典汽车杂志评为“年度风云车”，于是有了后来的 CCR 与 CCX 的王者故事。

科尼赛格跑车的创始人克里斯汀·凡·科尼赛格是个纯粹的“发明者”。1972 年科尼赛格出生在瑞典的斯德哥尔摩，从小对发明创造拥有很高的热情。20 岁时，科尼赛格和朋友在尚未制造和销售任何一种产品的情况下建立了一家公司，将父母的洗衣店改造成一间办公室。他们先是成为香水销售商，后来又在爱沙尼亚做起了鸡肉买卖，成为爱沙尼亚最大的鸡

肉供应商。在成功经营香水、鸡肉、地板和威士忌之后，科尼赛格开始为将来作打算，他不禁扪心自问：“我到底想作什么？我想制造跑车！”

1994 年，科尼赛格汽车公司在瑞典南部的安吉荷姆成立了！作为瑞典私人超级跑车袖珍车厂，科尼赛格的目标就是制造全世界最快的跑车。科尼赛格召集了一小群瑞典当地最顶尖的工程师，并串联了一些瑞典的赛车零组件供应商与相关学术单位。科尼赛格的核心理念不是很复杂：以类似一级方程式赛车的技术开发出具有启动优势、中置引擎配置、双座的顶级跑车。

1995 年，科尼赛格公司迁至欧洛夫斯特隆，开始着手打造第一辆原型车，并在短短一年半之内就完工了。从 1996 年开始，这辆被命名为“CC”的原型车经过著名赛车手皮克·特伯格、凯利·罗森布拉德和理查德·雷戴尔在赛车道、公路以及沃尔沃风洞的反复测试，最后在 1997 年法国戛纳影展上正式亮相，造成不小的轰动。

科尼赛格的雇员几乎都是高级装配工程师，车厂开发出一套独一无二的模块系统，这样就可以根据想要的配置设计汽车。科尼赛格网罗着大批供应商和合作伙伴，甚至包括手工艺者。他们提供产量低、质量高的零配件，材料选择不计成本，无论是装配还是制造都包含着大量的纯手工技艺，这也是科尼赛格跑车价格昂贵的原因。品牌第一辆原型量产车是在 2000 年完成的，银色的 CC 售价 46 万美元，在巴黎车展中大受好评，随后被瑞典当地的汽车杂志评选为“年度风云车”，它证明了私人袖珍车厂的成功。历经十年探索，科尼赛格跑车终于可以流传世间了！2002 年 9 月，两辆科尼赛格新车被送至首尔车展参展，那是科尼赛格第一次在亚洲正式亮相。后来，车厂持续对 CC8S 进行局部修改，例如在著名试车手的协助下改良悬吊系统等。在经过一番努力之后，科尼赛格 2004 年的日内瓦车展中展出了 CC 车系的高性能版本，一辆名为 CCR 的橘色超级跑车。

2007 年，科尼赛格将科技与跑车制造相结合，推出延续 CCX 车款而来的 CCGT，搭载 5.0 升 V8 引擎，动力输出 600 匹马力，车重 1100 公斤。为了适应各种道路状况及延长引擎寿命，科尼赛格下足了功夫，CCGT 的加速性能与动力发挥都有相当惊人的表现。科尼赛格相当注重将空气动力学原理融入 CCGT 的设计之中，该车采用后置引擎后轮驱动，超低的车头在车尾超大型的尾翼影响之下，也能产生极大的下压力；车身侧面大型进气口与车尾引擎盖上的散热孔，则分别提升引擎进气与冷却能力，是不可或缺的关键。

顶级 镇牌之宝

科尼赛格 CCX 参数

0～100km／h 加速时间：3.2s

极速：395km／h

刹车距离：31m（100km／h～0）

横向重力加速度：1.3g

油耗：高速路 13 L／100km

发动机型号：Koenigsegg V8 铸铝、4门、双顶置凸轮轴

排量：4700ml

压缩比：8.2:1

输出功率：转速 6900 rpm 时产生最大功率 806hp

最大扭矩：转速 5700 rpm 时产生最大扭矩 920N·m

前后悬挂：双叉臂、可调式 Racing 气压减震器、电子调节乘驾高度

后刹：通风式刹车盘、6 活塞轻质合金卡钳、动力辅助

选配：380x34mm 带 8 活塞卡钳的陶制刹车盘

轮毂：科尼赛格镁合金轮毂，带中控锁

选配：碳钢／镁合金轮毂

轮胎：米其林 Pilot Sport 2 单向带非对称胎面花纹

前轮：225／35-19 （Y）

后轮：335／30－20 （Y）

变速箱：专门研发的 6 速变速箱，扭矩感应限滑差速器

离合器：双踏板 215mm

科尼赛格 CCX

震惊世界的 CCR 远不是科尼赛格的终极之作，还记得 2006 年那款出现在日内瓦车展上的名为 CCX 的超级跑车吗？它以更优异的性能继续着科尼赛格的传奇。CCX 的发动机保留了 CCR 的动力，采用 4.7 升 V8 铸铝发动机，百公里加速时间为 3.2 秒，最高时速超过 395 公里 / 小时，车厂还进行了许多额外的工作以确保 CCX 能够满足世界上最苛刻的排放要求。科尼赛格对 CCX 的车身和内饰都采用全新的设定：前保险杠重新设计，制动冷却装置得到加强、安装雾灯和美式侧转向灯。后部的壳式发动机舱盖被改进成玻璃舱盖，清晰展示出科尼赛格独特的钢体铸件。为提高冷却效率，尾喉也做了显著的改进，而座椅则采用碳纤维材料。

在瑞典，科尼赛格拥有空军第一中队从前使用的一条将近两公里的跑道，这仿佛暗示着“幽灵”跑车的比较对象是瑞典的战斗机！难得的是，科尼赛格在追求速度的同时并没有对舒适性作出任何让步，驾驶“幽灵”就是享受梦幻般的乐趣。

科尼赛格跑车的发动机舱盖上都有一个幽灵图案的标识，这原本是瑞典空军第一中队的标志。科尼赛格车厂就建在中队的旧址上，为了纪念那些英雄，幽灵图标也就成为这个超级跑车的徽章。

2004年强悍的科尼赛格CCR跑车问世，厂方公布的最高时速为395公里/小时。虽然在意大利纳尔多跑道上接受测试时，它“只”跑出了387.87公里/小时，但那已经打破了量产车行驶时速纪录，此前最高时速记录是迈凯伦在十年前创造的非官方记录372公里/小时！虽然不少外部工程人员参与或支持了CCR的发动机设计，但这个过程中完全没有其他汽车厂家的介入，可以说是科尼赛格车厂独立完成的杰作！

当CCR在德国著名的纽堡环路上跑出7分34秒的成绩时，很多车迷都对科尼赛格另眼相看，因为这个成绩大幅领先于帕格尼的“风之子”以及兰博基尼的“蝙蝠”，仅比保时捷“卡雷拉GT”慢了2秒。CCR不仅在直道上表现出色，弯道中也一样完美。“选装尾翼”巧妙解决了最高车速和横向加速度两者之间的矛盾。卸下尾翼，风阻系数变小，有利于创造最高车速；装上尾翼，虽然对极速有轻微影响，但空气动力更为合理，行驶也更稳定。

不要认为CCR仅仅是一部速度机器，在赛道上它表现出了惊人的操控性。CCR的启动有些复杂，要先后按下中控台上类似电话拨号盘中的多个按钮，才可以听到发动机低沉的吼叫声。机械增压装置是由另一家瑞典公司利斯霍姆（Lysholm）提供的，8缸发动机，排量为4.7升，最大功率高达806马力，5700转/分时产生920牛米的扭矩。CCR的悬挂形式很像纯粹的赛车，百公里加速3.2秒，0～200公里/小时加速仅用9.6秒！

CCR的发动机发出的声音令人想起喷气式飞机，安装在车后的6挡变速箱由意大利西玛（Cima）公司提供。它应该算是半自动变速箱，因为加减挡时只需前后推拉换挡杆。CCR 的仪表如同 F1 赛车的翻版，液晶显示器除了可以提供车速、汽油量、机油压力和温度、水温以及增压值等常规信息外，还可以告知圈速计时和最高车速，驾驶者可以通过按钮调出所需要的数据。CCR 并没有忘记给它的主人带来奢华的享受，中控台表面是手感细腻的真皮，空调、音响和电动车窗都是标准配置，此外 CCR 还给车主一种特权，由于车身的刚度极强，驾驶者可以将 CCR 的顶棚摘下，享受敞篷跑车的行驶激情。

科尼赛格 CCR

超级跑车和环保特性一直以来都难以共存，但是科尼赛格却将这两者同时展现在一台跑车上，这就是在 2008 日内瓦车展上现身的科尼赛格 CCXR。科尼赛格 CCXR 搭载的是一具 4.7 升经机械增压的 V8 引擎，尽管 CCXR 所使用的燃料为生质燃

油（由植物提炼并混和汽 / 柴油的全新燃料），但其动力输出仍相当惊人，高达 1018 匹马力与 1060 牛米的最大扭矩，在车重仅 1180 千克的情况下，CCXR 的 0 ~ 100 千米 / 时加速可在 2.9 秒内完成，极速则是轻松突破 400 公里 / 小时。在车体外观部分，CCXR 承袭了 CCX 凶悍且极具侵略性的设计，两者之间唯一的不同是科尼赛格为 CCXR 镶上了代表划时代环保超级跑车的识别厂徽。CCXR 特别版车型的售价为 150万欧元。

从第一辆备受关注的原型车 CC 到完美无瑕的 CCXR，从名不见经传的袖珍车厂到世界顶级跑车品牌，科尼赛格不过用了十几年的时间，人们禁不住猜测，在不远的未来，科尼赛格又将向车坛贡献出怎样的杰作，作出怎样的惊人之举？

哈雷戴维森

摩托车之王者

美国的整个20世纪下半叶被戏称为“不折不扣的哈雷时代”，哈雷摩托浓缩了激情与狂热的个性，登峰造极地幻化出一种象征、一种文化、一个美国式的传奇，它是“自由的钢铁、滚动的风景”，是车迷心中的图腾。

创始人
威廉姆斯·哈雷
阿瑟·戴维森
创始时间
1903 年
创始地
美国·密尔沃基

1901年，在美国的北部小镇威斯康星州密尔沃基，年仅21岁的威廉姆斯·哈雷和20岁的阿瑟·戴维森在一个德国技师的帮助下，在一间150平方英尺的小木房子里忙碌不停。两年以后，他们终于制造出第一辆哈雷摩托车。

在美国有一句谚语：“年轻时有辆哈雷，年老时有辆凯迪拉克，则此生别无他愿。”哈雷摩托之所以历经百年而不衰，在于它从制造第一辆车起就致力于创造一种凝聚着梦想、反叛精神与奋斗意识的“摩托文化”。在哈雷迷心中，它仿佛一个将机械与人性融为一体的精神偶像，深刻地影响了人们的生活方式与价值观。

2002年，哈雷戴维森公司为了庆祝品牌诞生100周年，举办了长达14个月的世纪辉煌纪念活动，成千上万的哈雷车手齐聚亚特兰大、纽约、东京等世界名城，向世人展示自己的爱骑。而在哈雷之乡密尔沃基，摩托车表演、音乐会、摩托车展览等活动如火如荼，咆哮的机车声为狂欢拉开序幕。100多年前，创始人威廉姆斯·哈雷与阿瑟·戴维森在小木屋里打造第一辆哈雷时，肯定预想不到它会有今日的成就。今日，哈雷与可口可乐并排而坐，跻身美国十大商品品牌；它的“软尾”车系，在整个20世纪80年代的世界摩托车界稳居领先地位；而DeuceTM则被称为世界上最好的机车之一……美国总统乔治·布什曾经说过：“哈雷戴维森公司是一个真正的奇迹，它制造的摩托征服了全世界！”

正如佛教的新入弟子要接受剃度之礼一样，哈雷车迷不论男女老少，身上都有哈雷戴维森品牌标志纹身，品牌忠诚度非常高。一位46岁的哈雷迷说：“拥有自己的第一辆哈雷就像初恋一样，甚至比初恋更令人兴奋。”

金属的质感、优美的线条、烫人
的排气管、“音乐般的”轰鸣声，
这一切都满足着一个男人对力量的憧
憬；自由、进取、个性，这一切都诠释了
哈雷品牌独特的精神内涵——永远去探寻没有被征服过的领地。

在一个市棚与一辆粗陋的电动自行车之上起家的哈雷摩托，创造了美国乃至世界机动设备和传统制造业历史上最大的奇迹。100 多年来，哈雷戴维森逐渐成为摩托车界的第一品牌，创造出一种独具特色的“摩托文化”。

1901 年，美国的摩托车制造业呈现出“你方唱罢我登台”的红红火火的态势，美国各地竟有大大小小的摩托车制造厂商 300 多家，21 岁的威廉姆斯·哈雷和 20 岁的阿瑟·戴维森也加入到这一热潮之中。

两年后威廉姆斯·哈雷和阿瑟·戴维森共制造了3台哈雷摩托车，均在未完成装配前由人认购，这种接单后定做的生产方式一直沿用至今。有幸拥有第一台哈雷车的人叫梅尔，他驾驶哈雷总共行驶了6000英里，之后将其转让给乔治·里昂，又继续行驶了近15000英里；另外制造的两台车分别被路易斯·福鲁克和斯蒂芬·斯帕罗购得，3台第一代哈雷摩托车累计行程共达到62000英里。1906年，威廉姆斯·哈雷和阿瑟·戴维森在朱诺大街建造起工厂，扩大了生产规模，以满足接踵而来的订单。1907年，这两个年轻人正式组建了哈雷戴维森公司，威廉姆斯·哈雷任总工程师，阿瑟·戴维森为销售总经理。满怀宏图大志的年轻创始人已经不满足于眼前的成功，开始研制更大功率的发动机和更加完善的车型。

正当哈雷戴维森摩托车制造公司致力于民用摩托车产销之际，第一次世界大战爆发了。威廉姆斯·哈雷反应敏捷地在第一时间转换产销目标，全力以赴生产军、警专用摩托车。1918年，第一次世界大战停战协议签订的第二天，盟军下士罗伊霍尔茨就骑着哈雷戴维森摩托车，第一个趾高气扬地踏上德国领土。这则题为《一个美国人和一辆美国摩托》的图片新闻，一夜间成为全世界几百种报纸的头条新闻，哈雷戴维森摩托车由此声名鹊

起。一战后公司又回到民用摩托车的生产中，随着其大量生产的军用摩托车的流行，哈雷车独有的“橄榄绿色”在战后沿用下来，甚至成为象征胜利的流行色。在人们心目中，它代表着勇敢、活力和必胜的信念。到了1920年，哈雷戴维森公司已经是世界上最大的摩托车生产厂家，销售机构遍布世界67个国家和地区。就在这个时期，公司推出了与哈雷摩托车相关的服饰，成为哈雷爱好者非常实用的哈雷行头。

第一次世界大战引发的环球经济萧条，差点让美国摩托车制造业全军覆没，最后仅剩下了“印第安摩托车制造公司”和“哈雷戴维森摩托车制造公司”，然而第二次世界大战的爆发无意中又给了哈雷戴维森摩托车制造公司再振雄风的绝佳良机。在二战结束后，威廉姆斯·哈雷和阿瑟·戴维森相继离世，但是哈雷戴维森公司已经像诸多美国经典老牌公司一样，成为家族企业，哈雷和戴维森家族的后人，相继接替了公司的各种管理工作。经过一番轰轰烈烈的改组，哈雷戴维森摩托车公司送走了20世纪80年代的动荡，气势如虹地步入了一个快速发展期。2002年，为迎接哈雷摩托车诞辰100周年，哈雷戴维森公司举办了长达14个月的世纪辉煌纪念活动，哈雷车手齐聚亚特兰大、纽约、东京等世界名城，向车友展示自己的爱骑。

哈雷摩托车的一大特点就是价格比轿车还要昂贵。一般流行的哈雷车的价格在15000~20000美元之间，不菲的价格让普通的消费者望而却步，玩得起哈雷摩托车的人大都是商界名流、影视大腕、体育明星和政界精英。然而这仅仅是开始，与哈雷车匹配的是一身充满个性、酷劲十足，又有特殊功能的行头。而购置一身行头的价格并不比购置一辆哈雷摩托车便宜。印有哈雷标志的外套、皮靴、皮夹克都是精选上等牛皮经过特殊工艺磨旧而成，最大限度地突出了阳刚之美，从而形成了“哈雷文化体系”。

哈雷肥仔 Fat Boy

哈雷戴维森摩托车公司软尾（Softail）车系中有一款经典之作，那就是1990年问世的“肥仔”（Fat Boy），它在诞生的第二年就成为最热门的哈雷车型。阿诺德·施瓦辛格在《终结者》中骑的摩托车就是哈雷戴维森的这款“肥仔”。

轻轻按下启动键，肥仔的发动机就会瞬间启动，独特浑厚的排气声回响在耳边。在城市拥挤的车流中，肥仔丝毫不显笨拙。虽然加速时没有出现预想中的爆发力，但整个过程顺畅平稳。无论在哪个挡位上加速，发动机都处于稳定的状态。只要轻轻拧动油门，发动机就会有充足的动力爆发出来，让驾驶者感觉游刃有余。肥仔在山道上的表现也非常出色，特别是在弯道中的稳定性更是值得称道。虽然它的身躯巨大而沉重，但却有着极强的灵活机动性，难怪“终结者”可以骑着它在各种道路上追逐厮杀。

肥仔有太多绝妙之处需要你慢慢品味，前端的FL风格前叉、巨大的镀铬合金单前大灯、任何脚码都有足够空间的脚踏板、动力强劲能提供良好平衡的1450cc平衡式Twin Cam发动机、可供选择的化油器和电喷发动机。今天Fat Boy 1450加大了发动机排量；反光镜由标准的方形改成了鸭蛋形，相应缩小了后视面积；转向灯改成了小弹头形，与肥仔宽大的额头形成鲜明对比。

人人都喜欢外形简洁的摩托车，肥仔正是这种风格的代言者。银色粉漆的Twin Cam 88B发动机通过钢性支架固定，保持了良好的平衡。精美的镶钉皮包、结实的轮胎、可选配的镀铬合金压花轮毂、镀铬合金挡泥板……这些让车身更漂亮的东西使“风驰电掣”的感觉锦上添花。跨上哈雷“肥仔”的一瞬间，它就成了你生命中不可分割的一部分。

哈雷肥仔 Fat Boy 参数

长度（mm）：2395.2

油箱体积（L）：18.9

行驶重量（kg）：324.0

发动机：Twin Cam 88B

排量（ml）：1450

燃油系统：化油器式或电喷（ESPFI）

百公里耗油量（升）：4.7 高速 / 5.3 城市

轮胎尺寸（前 / 后）：MT90B16 72H；150 / 80B16 71H

仪表：电子速度表；里程表；可复位里程表；故障显示

刹车（前 / 后）：单 / 单

SAE J 1168 的倾角（左 / 右）：29.0 / 29.0

车轮（前 / 后）：安全系统；麻花辐条冲压镀铬合金轮辋

美国西部的蛮荒和辽阔赋予哈雷摩托自由、粗犷、洒脱与狂放不羁的神韵，与其说它们是交通工具，不如说它们是巧夺天工的艺术品。随着时间的推移，哈雷摩托拥有了更多的精神内涵，正如它的广告语所说：路从这里开始，没有尽头。

哈雷品牌的标志是最多变的，一般说来，它的固定标志是一个类似垂直放置的领结，在这个领结的中间部位写有："HARLEY DAVIDSON"。有趣的是，哈雷标志经常和老鹰联系在一起，有时这个标志被插上一双老鹰的翅膀，有时又被鹰爪抓在掌中，有时又和鹰头结合在一起，或许，这是因为只有老鹰才能充分表现哈雷摩托车品牌的深刻内涵。

在历经百年沧桑之后，哈雷戴维森摩托车制造公司获得了一连串精彩的头衔：100年来始终不离摩托车制造老本行的唯一一家摩托车制造商；规模最大、生产时间最长的V2缸摩托车出品者；世界摩托车产业中"成功的典范、传奇的特例"；世界上唯一把品牌升华为图腾的超长寿企业……用美国总统乔治·布什的话来说，"哈雷戴维森摩托车制造公司是一个真正的奇迹，它制造的无与伦比的美国摩托车征服了全世界。"

从外形看，哈雷摩托车的最大特点就是体积硕大、外观庄重，给人一种突出的存在感。强劲的马力、大排气量带来的震撼轰鸣、炫目的色彩、硬朗独特的造型，甚至灼人的排气管都令哈雷车迷疯狂。除了古典、浪漫与粗犷，哈雷还有一个美学原则，就是裸露美，裸露着钢铁的心脏与金属的质感。哈雷的发动机是相对落后的，但这并不意味着哈雷摩托落后。从选料到工艺，它令许多摩托车望尘莫及。事实上，摩托车的使用寿命是有限的，性能也会随着时间的打磨而下降。一般的摩托车大都会在很短的时间内衰老，而哈雷似乎永葆青春，像美酒一样，时间越长越显珍贵。

哈雷摩托有5种非常著名的车系，它们是VRSC、软尾（Softail）、旅行（Touring）、运动型（Sportster）以及黛纳（Dyna）。哈雷最新推出的VRSC系列整合了品牌的定制改装风格和美国化的强劲动力性能，其激情源于数十年来的赛车经验，并不断追求美国化的大而有力的扭矩与高端马力相结合。哈雷戴维森的软尾车系，自1984年诞生以来就成为全世界最流行的定制改装车系列，简单、纯粹、强劲，包括肥仔、弹簧、古典、DeuceTM、夜间车、遗产等车型。软尾车系的精髓就是将发动机保留在刚性支座上，体现尾部外形硬朗的同时，提供最平稳的驾驶感觉，Twin Cam 88B发动机的刚性支座设计最大程度地降低了前行时软尾轰鸣的震动。软尾是时尚的定义者，是永不落伍的真正经典。

1990年，“肥仔”的问世丰富了软尾车系的产品线，其独一无二的造型和玩世不恭的名字至今仍为人们津津乐道。在整合软尾车系对轮辋、挡泥板和前叉等装置的基础上，“肥仔”首创铸铝实心盘轮辋，座位上以及油箱上标有Fat Boy商标。到了2000年，装配Twin Cam 88B发动机的DeuceTM上市，被誉为世界上最好的机车之一。

哈雷摩托车从一个侧面记录了美国整整一个世纪的历史，驾驶哈雷就是对美国精神和文化的认同和标榜。所以，对美国人来说，骑哈雷摩托车比遵守法律更能表达爱国精神。如果说劳斯莱斯是汽车的翘楚，人头马是葡萄酒中的经典，皮尔·卡丹是时装界的典范，那么哈雷戴维森无疑是世界摩托车领域内最响亮的名字。它浓缩了美国一个世纪以来商业品牌的发展历史，几乎涵盖了世界摩托车文化完整的演绎进程。在过去的一个世纪里，哈雷戴维森公司凭借精湛的手工工艺、卓尔不群的设计理念、自由奔放的文化传统征服了无数车迷，也征服了整个世界。

宝马摩托

只关乎乐趣的“摩界”精英

创始人

吉斯坦·奥托

创始时间

1916 年

创始地

德国·慕尼黑

宝马 R1200S

如果你认为“奢华”带给你最重要的感觉是“快乐”，那么被称为“比汽车还贵”的宝马摩托就是你最好的选择，因为有人说，驾驶宝马摩托“无关乎形式，只关乎乐趣”。宝马摩托可以有很多注解，它是传统工艺的继承者、赛场上的佼佼者，更是现代科技的代言者。

公司蓝白相间的标志取自创始地巴伐利亚州的州徽图案，内外双圆圈的圈环上方标有“BMW”字样，这是公司全称3个单词的首字母缩写。

2005年7月，45个国家的骑手们齐聚阿尔卑斯山地区，参加第五届宝马摩托车手大会。从排气系统、原创喷漆工艺到改装技术，每一辆宝马摩托都有自己的个性故事。100多辆老式宝马摩托车风驰电掣般飞驰而过，这里有行驶40万公里、被誉为“公里王”的K 1100 RS，有精心呵护的老爷车……在场所有摩托车爱好者简直不敢相信自己的眼睛：有机会目睹宝马80多年的历史上具有里程碑意义的摩托车在眼前呼啸而过是多么令人激动的事情啊！

德国的“汽车之父”戈特利布·戴姆勒在1885年制造出世界上第一辆摩托车，德国成为摩托车的诞生之地，而宝马摩托是这块土地上最耀眼的摩托车明星，在摩托车的百年风云史上独领风骚。宝马生产摩托车的历史比生产汽车的历史更悠久，它们的拥有者、甚至只要是见过宝马摩托的人都会说：“宝马摩托是一件精美的艺术品。”每辆宝马摩托都要经过长时间的锻造与打磨，每个零件都要精雕细琢，它们天生拒绝平庸与粗糙，拥有与宝马汽车相比毫不逊色的风采。早在1935年，宝马就为全球摩托车制造业贡献了第一个弹簧液压式前悬挂，被各大摩托车生产厂家沿用至今；又过了两年，那款风驰电掣的500cc Compressor以279.5公里/小时的速度创造了赛道奇迹，并将该纪录一直保持到20世纪50年代！80多年来，著名的“拳击手”双缸对置发动机一直为宝马摩托提供强劲的动力，不断突破着自我的

宝马 R71

极限，成为力量与速度的标志；而今日的宝马摩托配备了先进的“三元催化”排放系统与 ABS 电子安全系统，被誉为最环保与最安全的高档摩托车。宝马向来生产大排量的摩托车，奢华不凡。从二战战场上大展雄风的军用摩托 R75、R35 到当今令人尖叫的款款新作，宝马摩托锋芒毕露，延续着品牌豪华车的理念与风格，早已成为华美、环保、绝佳性能与高品质生活的典范。

宝马将飞翔天宇的力量转化为造车的激情，从 1923 年首辆挂有 BMW 商标的 R32 问世，到 1991 年 K75RT 成为公司的第一百万辆摩托车，宝马摩托一直刷新着车坛的各项纪录，无论是在速度、工艺还是应用现代科技方面，都有令人惊叹的不俗表现。

宝马公司以生产豪华车、摩托车与高性能的发动机闻名于世，前身是巴伐尼亚飞机厂（BFW），成立于 1916 年 3 月，最初以制造流线型的双翼侦察机闻名于世。1918 年 11 月，一战结束，德国成为战败国，他们的飞机被《凡尔赛条约》列为“战争武器”禁止生产，而宝马车厂要等到 1923 年方可生产汽车。公司第一台摩托车发动机诞生于 1922 年，为车厂定下了重要的方向。之后，一台气冷 500 毫升的两汽缸摩托车发动机和 R32 摩托车，成为宝马摩托事业的序曲。

宝马摩托曾几度在世界摩托车百年风云史上写下浓墨重彩的篇章：1923 年至 1926 年生产的宝马 R32，是该公司生产的第一批摩托车，极速在当时已达到 95 公里／小时；另一辆令世人瞩目的摩托车是 1925 年至 1927 年间生产的 R39，该车于 1925 年一举荣登德国摩托车冠军的宝座；而诞生于 1935 年的 500cc Compressor 摩托，则是在速度上震惊车坛的另一款杰作，它在 1935 年曾以极速 256 公里／小时创下世界纪录；1937 年，又一辆 500cc Compressor 以 279.5 公里／小时的速度刷新了这项世界纪录，该纪录一直保持到 20 世纪 50 年代才被打破；1939 年，宝马 500cc 在马恩岛高级旅行者赛上问鼎奖杯，被世人称为“20 世纪 30 年代世界摩托之星”！

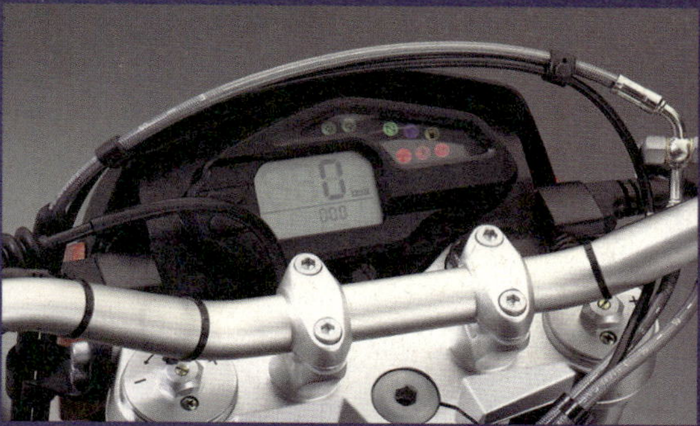

R35、R71、R75，宝马军用摩托堪称摩托史上一道独特的风景，它们曾经冲锋陷阵于硝烟弥漫的战场，或是成为收藏家的至宝。绝佳的性能、强劲的动力、粗犷的造型……它们远离高贵与奢华，行驶于烽火斑斓的历史深处。

宝马生产的摩托车代表了最先进的摩托车技术，二战期间，其为德军研制生产的军用摩托车一直冲锋陷阵在最前方。宝马公司的军用型车系由 R35 演变而来，主要有 R12、R35、R71 和 R75，除 R35 为中型摩托车外，其余均为重型摩托车。宝马 R35 配备 14 马力单缸风冷发动机，其他几种型号动力都在 22~26 马力之间，配置双缸风冷发动机，排量 750 毫升，4 速变速箱。军用摩托

顶级

镇牌之宝

宝马 K 1200 LT

1998 年，在德国慕尼黑举行的世界最大的摩托车车展（INTERMOT）上，宝马的 K 1200 LT 一亮相就以典雅的加长造型吸引了诸多目光：流线型车身完美实践着空气动力学原理，银白色的铝制品部件和纯皮黑色座椅相得益彰，令人眼前一亮。作为宝马摩托四个系列中注重长途旅行、体现豪华气质的代表之作，K 1200 LT 是高品质的材料、尖端的科技以及典雅的美学设计的组合，它的诞生促成了豪华旅行车领域内的一场革命。

宝马摩托一向强调驾驶乐趣，这种理念在 K 1200 LT 中体现得淋漓尽致：鞍座高矮可从 770mm 调节到 800mm 的高度，满足不同身材人士的驾驶需要；它“知冷知暖”，两个把手以及鞍座上都有升温功能，在寒冷天气里给驾驶者最贴心的呵护；油箱两侧则装有保护膝垫，防止引擎过热给驾车人带来的不适；仪表盘布置得简洁美观，各种数据一目了然；独特的悬挂技术将减震性和稳定性结合得非常好，即使是十分颠簸的路面，驾驶者也会感到舒适自如；容量高达 50 升的后备顶箱和两个边箱，对付旅行物品绰绰有余……

K 1200 LT 最高时速为 200 公里，在 90 公里的时速时，油耗 4.3 升，24 升的油箱意味着可以轻松驾车 500 公里而不用担心中途找不到加油站。如果你厌倦了豪华汽车“鸟笼”般的约束感，用 K 1200 LT 摩托来进行一次奢华旅行的想法将带给你极大的诱惑。但是，除非亲自尝试，要不然，与 K 1200 LT 一起冲出都市的樊笼，去体会自然中无边的洒脱之感又怎能用语言表达得清楚呢?

宝马 K 1200 LT 参数

全长：2508mm

全宽：1080mm

坐垫高度：770／800mm

发动机形式：水冷四冲程 DOHC 直列四汽缸，每缸四汽阀

排气量：1172cc

缸径／冲程：70.5／75mm

轴距：1632mm

最大马力：98ps／6750rpm

最大扭矩：115N·m／4750rpm

传动方式：轴传动

转向角：63.18 度

油耗：4.3L／100km（90km／h）5.7L／100km（120km／h）

0～100km／h　加速时间：3.7s

最高车速：200km／h

重量（燃油加满）：378.5kg

轮胎尺寸：前 120／70　ZR　17，后 160／70　ZR　17

油箱容量：24.0L

在宝马的巡航车种中，R 1200 C已经确立了屹立不倒的地位，后来的R 1200 CL走的是高档豪华路线，而一年之后的R 1200 C Montauk，则省去了大型风挡及边箱等装备，大大增强了操控上的灵活程度。Montauk是美国长岛的一处度假名胜"蒙淘克"，以此命名自然是强调假期的悠闲写意气息。R 1200 C Montauk骑起来的感觉有点类似于驾驶街车，但不脱离大型巡航车的本色。790mm高的座鞍配合新的把手及脚踏设定，骑士的活动空间相当大。经抛光处理的摇臂、电镀汽缸顶盖以及车身配件使它看起来有更辉煌的外观。当R 1200 C Montauk在路上狂奔的时候，每个加油动作都是力量的表现，245千克的车重对引擎没造成任何负担，明快的加速感成为一份额外的惊喜。

车中以R75最为著名，该车从1940年一直生产到1944年，排量746毫升，26马力双缸风冷发动机，极速95公里/小时。前轮为机械刹车，后轮为液压助力刹车，悬挂为伸缩套筒式前叉，装配一挺MG34机枪或是一门野战迫击炮。该车在德军中有16000辆之多，在条件恶劣的北非战场和苏德战场上，它以极佳的性能赢得了官兵们的喜爱。

宝马摩托在战争中的出色表现极大地刺激了苏联军用摩托车的发展，在苏德战争爆发前斯大林已经看到了德军大量装备的摩托车的种种优势，迫切希望为苏军装备这样一种用途广泛的军用摩托，他看中了当时德军的宝马R71，并授意有关部门同德国商谈引进事宜。当时希特勒正忙于入侵波兰而无暇顾及此事，于是苏联人偷偷弄到5辆宝马R71摩托车进行仿制，创造出了M72。战后，M72的技术被转让给苏联盟友，中国也获得了此项技术，并在此基础上成功研制出长江750军用摩托车。M72以及长江750等作为宝马R71的继承者持续生产了半个世纪，它们忠实保留了宝马R71的主要特征，今日已经成为兵器收藏者十分珍贵的收藏品，售价惊人。战争的非正义性不会抹杀人类的创造力，尽管宝马军用摩托曾经是德军的侵略工具，但它们出色的设计、不凡的性能，代表的却是极佳的机械工艺。

宝马在摩托车设计创新方面始终处于世界领先地位，从不追求“堆砌”出来的奢华外型、从不“迷信”速度，一个个技术成果却清晰展示出其崇尚科技的热情。

由航空发动机领域拓展至摩托车生产领域的宝马公司，已不仅是高级摩托车、汽车的代表，更是日尔曼精神的诠释。2004 年 6 月，宝马集团在柏林获得年度最佳创新奖，该奖项由《经济周刊》杂志和科尔尼管理顾问公司（AT Kearney）共同组织发起，由资深评委进行评选。赢得最佳创新奖对宝马来说并非偶然，早在 2002 年，宝马集团就凭借“卓越的创新实力、以成功产品求发展”而成为第一家获得“美国杰出创新企业奖（OCI）”的欧洲公司，而这个奖项堪称创新管理领域的“奥斯卡”。

的确，在摩托车领域，BMW 一向是创新的同义词。它早年的 R32 车型采用“拳击手”双缸对置式发动机的设计已成为业界经典，这种发动机拥有 80 多年的历史，现在依然应用于最新一代

宝马 R 1200 C

"拳击手"车系（Boxer）中；1935年，宝马公司制造出世界上第一个弹簧液压式前悬挂，这种前叉一问世，立即风行起来，被全世界摩托车生产厂家所采用，并沿用至今，宝马对全球摩托车制造业的贡献显而易见；1978年，宝马推出第一款根据空气动力学设计的全流线型摩托车R 100 RS；此外，宝马还被认为是"大型旅行耐力摩托车"的"发明者"（车型包括R 80 G/S、R 100 GS与R 1150 GS等），而在"运动旅行摩托车"方面（R/RS车系），宝马也被公认为最有实力的厂家；1987年的"后叉万向轴单摇臂中央减震系统（BMW Paralever）"与1993年的"前叉杠杆式减震装置（Telelever）"，都可以看做是宝马在摩托车底盘设计方面取得的里程碑式的成就。

宝马K 1200 GT

宝马摩托能够带来一种美妙的体验，它们将驾驶摩托车的自由与豪华车的舒适完美融合在一起。驾驭宝马摩托，所有你想做的就是：永远不要到达，永远在路上，享受愉快的旅程。

宝马的主要车系包括F 650、R系列以及K系列，宝马不断推出令人耳目一新的杰作。1994年秋季，敞篷R 1100 R问世，一年后全封闭旅行车R 1100 RT也出现在世人眼前。“拳击手”系列摩托车越来越好，R 1100 GS和R 1100 R型你追我赶地创造着销售记录。1996年夏天，宝马告别三缸摩托车。11年后，K 1200 RS展示了新式4缸车型。它那台排量1171毫升的发动机可产生130马力的功率，而K系列摩托车也首次在前轮导向采用了独一无二的宝马“前叉杠杆式减震装置”技术。K 1200 RS强劲的动能令人相信，宝马能为新式“运动旅行者”摩托提供不负众望的绝佳性能。

宝马的口号“超级驾驶机器”因一种全新概念的推出而变得更加丰富。2000年春天，随着C1的推出，宝马创造了一种新潮的造车概念。C1集摩托车的优势与汽车的安全性于一身，允许驾驶者不戴头盔、不穿保护性服装。它的安全系统包括肩杆、可更换的变形部件、两个安全带、一个特殊座椅和一个头枕；前轮上方的碰撞变形单元和“前叉杠杆式减震装置”可最大程度上减小交通事故带来的伤害；可选装的ABS防抱死制动系统还会加强其主动安全性。C1可选装的特色配置范围极广，比如多功能储藏室、音响系统或加热装置等。C1装备125cc动力单元，最大输出功率11千瓦。2001年春，装备新型发动机的C1200问世，它以176cc的动力单元输出最大功率13千瓦，拥有更加敏捷的公路性能。

如果说经典的“前叉杠杆式减震装置”与“拳击手发动机”是宝马传统造车工艺的精髓，那么ABS电子安全系统、低污染的排放技术则是现代科技带来的福音。宝马摩托车的发展史上有太多的奇迹，它们代表的是一种轮廓鲜明的形象，象征着驾驶者高贵的身份与尊崇的地位。

杜卡迪

风驰电掣的“世界经典名车”

创始人
杜卡迪兄弟
创始时间
1926 年
创始地
意大利·博洛尼亚

与法拉利一样的烈焰般的身影、完美继承着顶级的机车工艺，敢与本田一决高下的豪情，这些语言描述的是杜卡迪摩托，来自意大利的传世经典。

摩托车领域一向是日本车独占鳌头：本田、铃木、川崎、雅马哈——摩界的“四大金刚”驰骋天下，风光无限。然而实际上车坛也是藏龙卧虎，先不说传奇的美国哈雷、高贵的德国宝马，来自意大利的杜卡迪就一直是日本车强有力的对手。

在摩托车的王国中，杜卡迪经常被人称为“红衣魔鬼”，就像超级跑车法拉利一样，杜卡迪战车的标志性颜色也是令对手胆战心惊的血红色，杜卡迪极速奔跑时就像一团燃烧的烈焰。而它经典的双缸发动机，则能爆发出使人感到恐怖的强大功率，助其征伐四海扬名天下。在世界超级摩托车锦标赛（SBK）这样的顶级赛事中，杜卡迪成了唯一能与日系赛车分庭抗礼的欧洲车，并12次潇洒夺冠，成为获得年度总冠军次数最多的大赢家！它擅长以L形90度双缸发动机为主体，搭配各种独特的圆型钢管车架，加上一流的加工装嵌技术，每辆杜卡迪摩托车都是高新技术与精细手工相结

杜卡迪的设计师将阿尔玛琪公司生产的水平单缸与杜卡迪生产的单缸组合在一起，设计成L型，这种发动机最大的特征就是造型漂亮，当然，它的性能与漂亮的造型相得益彰。从搭载L型双缸发动机的第一代750 GT亮相以来，该系列的发动机以及车架设计一直没有变化，直到1985年1000MHR MLLE的面世，该系列车才停止生产。连续生产了10多年而没有变化的杜卡迪Bevel L型双缸“长寿”系列车，可以说是当时杜卡迪的顶梁柱。

合的经典之作，理所当然只被少数人拥有。

也许你还记得，上世纪70年代称霸意大利伊莫拉大赛的杜卡迪750，它的极速达到250公里/小时，打败了日本摩界的各大名门；如果你认为在当今风云变幻的车坛，750的年代未免太久远，那么十几年前杜卡迪的916一定令你记忆犹新，它被称为“世界经典名车”，一度实现了车迷们最绚丽的梦想；如果你觉得916也只能代表杜卡迪的“昨天”，那么2007年最新款的999S一定让你叹为观止，它将机械与艺术完美结合，呈现的是世界超级摩托车制造工艺的结晶！从生产二战后风靡意大利的“小玩偶”，到研发世界上第一辆采用4冲程发动机的踏板车“巡洋舰”；从12次夺冠世界超级摩托车锦标赛，到被世人誉为“摩托车界的法拉利”；从应用经典的V型双缸发动机，到独创特殊气门控制技术（Desmodromic）……这就是杜卡迪，意大利顶级机车工艺的实践者，当那一抹红色呼啸而过，所有的目光都会追随它的身影，因为没有人能抗拒激情、忽视经典。

杜卡迪是实至名归的传世品牌，它是这个物化世界的代表，烙印着最深最经典的年轮，在风行了半个世纪之后，光彩依旧照人，让人赞叹。

在摩托车领域，杜卡迪属于“半路出家”。1926年7月，杜卡迪无线电器材制造公司在意大利博洛尼亚成立，不久即进入光学仪器制造领域，二战中还为意大利海军制造过望远镜。半个世纪以前，这个意大利光学领域的翘楚竟然推出了一款名为“小玩

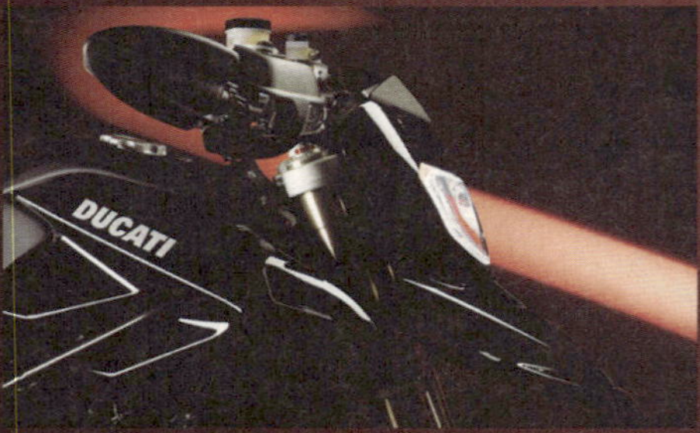

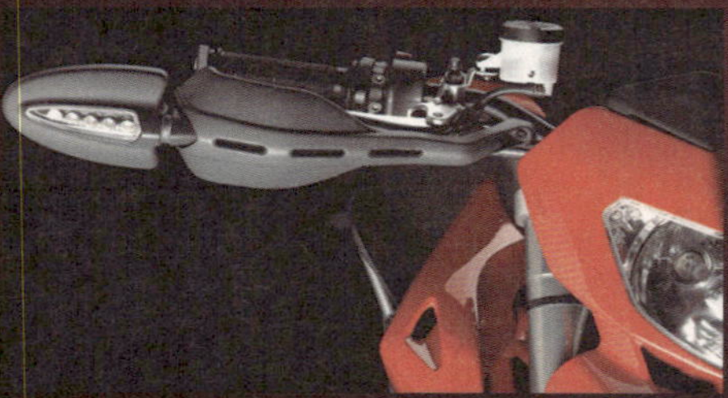

偶”的机车作为进军车坛的开山之作，很多车迷至今仍对这个小巧灵活的车型记忆犹新。

二战末期，博洛尼亚的一位工程师阿尔德·法瑞那利以前瞻性的眼光研发了一种小型发动机，并将其安装在自行车上，成功地让它在都灵大街上跑了起来。由于排气管短小且没有消声器，它发出了欢快的高频“啪啦啪啦”声，法瑞那利为这个发明取了个可爱的名字叫做“小玩偶”。1945 年 7 月 26 日，意大利正式解放不到一个月，杜卡迪就宣布要生产“小玩偶”。到了 1950 年，杜卡迪在微型推杆式发动机基础之上，设计了坚固结实的车架，正式向市场推出了具有完整结构的“简易型机动性自行车”，它的排量为 60 毫升，重量仅 44.5 千克，采用 15 毫米口径化油器，最高时速可达 64 公里。不久之后，杜卡迪将其更名为 55M 或 65TL，正式停用“小玩偶”这个名字。在战后的一段时间内，“小玩偶”成为意大利人非常喜爱的代步工具，也为杜卡迪赢得了财富和声望。

虽然杜卡迪很早就推出了“小玩偶”，但那毕竟不是真正的摩托车。1952 年是值得纪念的一年，在米兰展览会上，杜卡迪的“巡洋舰”诞生了，它是世界上第一辆采用 4 冲程发动机的踏板车，排量 175 毫升，它一亮相就引来一片喝彩声，但是“巡洋舰”的销售量并不大，两年之后就淡出了市场。

早在上世纪 60 年代，杜卡迪阵容强大的 250 毫升排量摩托车就俘获了世界各地车迷们的心，很多车迷至今仍对“黛安娜”、“蒙扎”、“争夺者”等车款如数家珍。

对杜卡迪来说，工程师法比尔·泰戈里奥尼是一个至关重要的人物，他在 1954 年至 1989 年间一直担任公司的首席设计师和技术主管，杜卡迪第一台带有特殊气门控制技术、排量 125 毫升的单缸发动机就出自他的手笔，排量为 200 毫升的“高贵者”、搭载 4 冲程 174 毫升发动机的“旅行者”也都令人赞叹，它们的时速均能达到 120 公里之上，而杜卡迪的摩托车至今仍在使用他于 60 年代设计的 V 形双缸发动机。也是在 60 年代，杜卡迪推出阵容强大的 250 毫升排量摩托车，像著名的“黛安娜”、“蒙扎”、“奥瑞尔”、“争夺者”等，大都能达到 150 公里 / 小时的速度，这在当时是非常优异的成绩。到了 1968 年，杜卡迪在发动机性能上又有大的改进，推出了卷起强大旋风的 450 Mark 3D，极速达到当时令人难以置信的 170 公里 / 小时！

在摩托车世界奇葩争艳的今日，杜卡迪仿佛有一种强大得不可思议的力量，燃起车手征服的欲望，好像驾驭杜卡迪的每个人都有这样的感觉：“下次我会骑得更好。”

上世纪 70 年代前后，大排量摩托车逐渐受到欢迎，不仅美国人喜欢，这些动力强劲的机车在欧洲也非常流行。意大利伊莫拉的摩托车比赛的推进者科斯塔拿出了自己的所有积蓄，在 1972 年 4 月组织了一个比赛，他期望这场比赛能够成为日后所有比赛的典范。

参加比赛的杜卡迪第一次获得了在本国证明自己实力的机会，此时，公司开始生产第一批带有 Desmo（杜卡迪独特的气门控制技术）双缸发动机的赛车 750，采用全新的 40 毫米口径化油器和加速泵来提供燃油，并在转速 9000 转 / 分时获得 60 千瓦的最大功率，加之整车净重只有 163 千克，750 能够达到 250 公里 / 小时的最高时速。当时杜卡迪并没有为这个级别的摩托车建立赛车组，因此要参加比赛，第一个任务就是找到最好的车手，保罗·斯马特成为最佳的人选。1972 年，他驾驶搭载 750 毫升 V 形双缸发动机的杜卡迪摩托在意大利的伊莫拉大赛上独霸赛场，战胜了诸如奥古斯塔、凯旋、拉维达以及日本的本田、铃木等各大名门！

顶级
镇牌之宝

杜卡迪 999S

杜卡迪于 1988 年出产的 851 车型，创立了双缸机车在赛道上占尽优势的开端，之后的 888、916、996、998 车型，也都是赛道上的常胜将军。杜卡迪将多年来的赛道经验融入设计与技术中，2007 年新作 999S 则代表着车厂的赛事战果和雄霸“世界超级摩托车锦标赛”的荣誉，它是当今最先进的双缸机车，意大利的超级赛车锦标赛曾经评价它为：拥有纯运动跑车的优雅线条、车身低长，工艺技术令人叹为观止，动力惊人。

999S 的特点在于使车的前端承受适当的重量，因此可以减少负荷在骑士手腕上的重量，进而达到驾驭的最舒适化效果。油箱的后端呈椭圆形，且设计了一个狭窄又低的区域，可让骑士的膝盖得到休息。龙头的转向达 28.5 度，以增加低速行使时的易驾驭性，建立骑士的骑乘信心。在弯道上，999S 可迅速变换车身倾斜角度，在高速行驶的状态下，以求消耗最少体力。

999S 堪称意大利超级摩托车的顶级车型，代表了登峰造极的机车工艺，L 型双缸发动机在高速行驶下能发挥极佳的散热功效。这个被世人称为“弯道杀手”的机械杰作，在起步与转弯时皆具有绝佳的性能，往往在起跑线上就已经将对手打败！

杜卡迪 999S 参数
引擎形式：水冷四冲程 DOHCL 型 2 汽缸
全长：2030mm
全高：1080mm
轴距：1420mm
座高：780mm
净重：186kg
总排气量：998cc
供油方式：电子喷射系统
启动方式：电动
压缩比：11.4:1
最高马力：143hp / 9750rpm
最大扭矩：11.4kg-m / 8000rpm
油箱容量：15.5 公升
传动形式：干式多片 6 前速链条传动
前悬吊系统：倒置式前叉
后悬吊系统：可调独立式 + 双摇臂

两年之后，杜卡迪的750SS问世，秉承了伊莫拉赛场上750的运动精神。它搭载互相垂直、总排量为748毫升的V形双缸发动机，采用风冷技术，9500转/分时输出53千瓦的最大功率，轻巧的5挡变速箱能够很快把净重为187千克的750SS加速到220公里/小时！

杜卡迪的发展并不是一帆风顺的，产品的积压加上日本机车厂商咄咄逼人的攻势，杜卡迪公司举步维艰。1983年，意大利的卡吉瓦摩托车厂向杜卡迪公司购买了一批发动机，这笔生意挽救了杜卡迪。卡吉瓦的新款摩托车在发动机上保留杜卡迪字样，但整车标卡吉瓦商标。这个历史性的协议促使卡吉瓦的“大象”和Alazzurra诞生。Alazzurra是一款很漂亮的运动旅行摩托车，其造型非常接近杜卡迪，以至于很多车手干脆把Alazzurra看做杜卡迪的产品，它搭载杜卡迪749毫升、V形双缸风冷发动机，最大功率39千瓦，最大扭矩60牛米，最高时速可达190公里。“大象”更是表现出色，在最艰苦的巴黎—达喀尔拉力赛上叱咤风云，足可以和大排量的日本摩托车相抗衡，而它能赢得这样的荣耀完全仰仗杜卡迪的发动机。

诞生于1994年的916已经完美无瑕，最新的999S更是被称为“摩托车世界的王子”。美丽、快速、亲切——这是车迷对杜卡迪的评价，驾驭杜卡迪是一种享受，因为这期间的每一秒钟，你都能感受到它的魅力。

在卡吉瓦雄厚财力的支持下，杜卡迪不仅能够大力研发超级运动摩托车，还迎来了跑车时代，一系列性能出众的大型跑车有力地打击了日本军团的攻势，杜卡迪在赛场和商场都取得了辉煌成就。

后来，杜卡迪脱离了卡吉瓦集团，由美国得克萨斯州的一个投资基金会“太平洋集团”接手。在新东家的带领下，杜卡迪不断取得销售和利润纪录的新突破。1988 年纯手工打造的 851 车型诞生了！杜卡迪通过参加 Moto GP 等世界锦标赛高规格赛事，使 851 的实力得到了充分的证明。851 下一代是 888，它意味着 20 世纪 80 年代后期杜卡迪公司的全面复兴，其运动版本 888 SPO 更是获得了 3 次超级摩托车世界冠军！然而大出风头的 888 并没能把荣誉保持多久，实力更强的 916 很快问世了。诞生于 1994 年的 916 被誉为划时代的革命性作品，在造型、风格、性能、操控等方面都是巅峰之作，被世界各地的媒体赞誉为“年度最佳摩托车”。916 在世界超级摩托车比赛中获得了无数桂冠，赢得了“世界经典名车”的殊荣。尽管 916 已经十分优秀，杜卡迪的超级摩托车仍然新意不断，从 996、998 直到目前炙手可热的 999 系列，杜卡迪摩托在世界各地刮起了强劲的“红色旋风”！它们在空气动力性和视觉效果方面均达到无可挑剔的完美境界。与法

杜卡迪 Monster 900

拉利一样的鲜红色彩、标志性的L形双缸发动机、独特的气门驱动技术、性能出众的无缝钢管车架……这就是独一无二的杜卡迪！

目前，世界超级摩托车锦标赛（SBK）由五大车队垄断：意大利的杜卡迪车队，日本的“四大金刚”——本田车队、川崎车队、雅马哈车队、铃木车队。自1988年第1届SBK正式举行以来，杜卡迪车队以12次总冠军的成绩傲视群雄，并在1991~1996年、1998~2003年间一直保持年度总排名第一的佳绩！杜卡迪的历史，就是纵横驰骋、征战四海的历史。从V形双缸发动机到“Desmodromic”气门控制技术，从管式车架到精雕细琢的悬挂系统，从伊莫拉大赛再到SBK——有杜卡迪的地方，就有激动人心的驰骋、白热化的竞争和呼啸而过的激情。

1993年，来自阿根廷的设计师盖卢兹另辟蹊径，去掉所有修饰品与不太重要的零件，制造出赤裸裸的、纯粹的摩托车造型，这就是著名的怪兽系列（Monster 900）。“怪兽”受到市场的热烈欢迎，为处于财务危机中的杜卡迪解了围。5年之后，世界各地掀起运动旅行两用摩托车之风，杜卡迪全新的车款ST2也由此诞生。

HONDA

本田

缔造顶极奢华的机车王国

在摩托车王国里，本田摩托曲高而不和寡，惊艳而不拒人于千里之外，它秉承了日本传统的造车工艺：精炼、恒久、巨细无遗。它不是很狂野但动力十足，不是很张扬但气宇非凡，不是很奢华但品位不俗，不是很前卫但充满科技的力量。

创始人
本田宗一郎
创始时间
1948 年
创始地
日本·东京

本田摩托的发展在很大程度上要归功于创始人本田宗一郎，这位“摩托狂人”用40年时间缔造了万众瞩目的机车王国。本田摩托在世界车坛占有一席之地始于顶级赛车场上的英勇夺冠，1961年本田囊括了TT摩托车大赛中125cc和250cc两个级别的前五名；从1981年起本田在世界摩托车越野锦标赛上连续3年夺得冠军；除此之外，本田更是十几次赢得Moto GP的年度冠军！

赛场上的胜利来自本田对技术创新的执著。将摩托车从“动力狂”手中解救出来，无畏地引领着崇尚愉快驾驶的“轻便摩托时代”，本田做到了；超越时代的步伐，花费巨资打造经典的NR750，只为将最完善、最强大的技术展示给世界，本田也做到了。与本田汽车那简单的“三弦音箱式”车标不同，每一辆本田摩托上都有一个翅膀图案标识，下面是“HONDA”字样，本田将其称为“梦想的翅膀”。的确，本田摩托的精髓就是“展开每个人梦想的翅膀”，它将技术与舒适融合在一起，创造了无可替代的经典。

HONDA

本田宗一郎于1948年创建本田技研工业公司，即本田汽车公司，并用自己的姓氏作为公司的名称和商标。“H”是本田汽车和摩托车的图形商标，是“本田”日文拼音“HONDA”的第一个大写字母。你在每一辆本田摩托上都能看见上方有鹰的翅膀的“HONDA”字样，它象征着“本田摩托的技术飞跃与前途无量”。

创始人市田宗一郎提出了著名的"市田承诺"，即要实现三种喜悦：用户的喜悦、公司的喜悦和销售商的喜悦。市田公司一直信守承诺，在与意系、美系摩托品牌的较量中，成为摩托车世界里叱咤风云的角色。

缔造了"本田神话"的本田宗一郎，被媒体称为"摩托狂人"，他白手起家，建立了万众瞩目的摩托车帝国。1907 年，宗一郎生于日本名古屋滨松小镇上一个农户的家中，年轻的父亲为了养家糊口，开办了一家自行车商行，宗一郎从小就在铁器和车轮中玩耍，对机械产生了极大的兴趣。小学毕业后，他受聘于东京"技术商会"修车行，一待就是 6 年，对车辆的性能、常见问题等都有了深入了解。

二战后，陆军通信机的发动机已毫无用处，被堆放在军工厂仓库里。宗一郎得知这个消息后，立即廉价买来 500 台小发动机，并将其安装在自行车上，第一辆本田机车就这样诞生了！这种改装的自行车堪称最原始的"本田摩托"，被抢购一空。宗一郎看准行情，毅然在 1948 年成立"本田技研工业株式会社"，正式生产"吧嗒吧嗒"（根据发动机的响声命名）摩托车，博得赞扬无数！"市场需要发动机！"这样的声音催促着宗一郎，他决定破釜沉舟，将家产变卖来研制发动机。最后，他造出了 A 型发动机，并不断发展，到后来，发动机的功率大到不能再将它安装在自行车上了，于是宗一郎决定设计与这种发动机相称的车架。1949 年 8 月，第一辆真正的本田摩托车试制完成，被车厂命名为"理想号"，本田实现了从自行车到摩托车的飞跃！

从1961年在国际顶级摩托车赛事TT大赛上夺冠，到赢得十多个Moto GP的年度冠军，本田宗一郎在赛场上将理想变成了现实，国际赛事上的节节胜利为本田摩托赢得了世界性的赞誉。

20世纪50年代，日本受到严重的经济危机影响，本田技研公司也陷入困境。就在这时，人们听到一个震撼人心的消息：本田宗一郎要参加TT大赛！所有人都认为这是以卵击石的愚蠢想法。TT大赛是当时国际上超一流的顶级摩托车赛事，地位相当于现在的Moto GP赛，能够在TT大赛上获胜，对摩托车生产商来说是最高的荣誉。对宗一郎来说，TT大赛不仅是荣誉更是商机，只有在TT大赛上取得优异成绩，才能在世界摩托车市场占有一席之地。

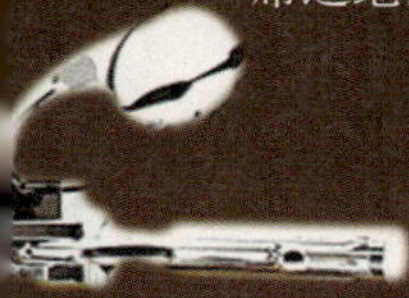

1958年，凝聚无数心血的第一辆本田赛车终于诞生了，这辆车在1959年首次参加TT大赛时就赢得了排量125毫升级别第六名的成绩，并于1961年获得了冠军！此后，整个20世纪60年代，本田称霸Moto GP的125cc和250cc赛事，时至今日，本田也是唯一定期参加这两个级别赛事的日本车厂。1959年本田摩托首次参加TT大赛前，美国本田技研工业公司就成立了了。宗一

本田宗一郎用了40年时间将本田公司变成世界上最大的摩托车、汽车生产商之一，他本人也受到世人的尊敬，本田宗一郎于1971年荣获意大利总理产业奖，1979年获美国哈佛大学名誉博士学位，1980年获美国机械工程师学会荷利奖，成为继亨利·福特之后第二个获此殊荣的人，被誉为“日本的福特”。在专门表彰对汽车工业有卓越贡献之人的“美国汽车名人堂”里，本田宗一郎与美国的汽车大王福特并列在一起。

顶级
镇牌之宝

本田 NR750

NR750 诞生于 1992 年，它完全移植了赛车制作技术以及科技，是摩托车中登峰造极的杰作，限量生产，当时售价高达 520 万日元，是本田销售过的最贵的摩托车，也是日本有史以来最贵的摩托车。

NR750 的 PGM-FI 燃油喷射技术简直就是技术发展史上的艺术品，7 个探测器和一颗 16 位的 CPU 控制着八个燃油喷射装置，同时也控制着点火时间，它还通过调节空气滤清器中的谐振管位置来调整气流走向。NR750 是全世界第一个采用复合式纤维打造车体的量产车，后轮输出功率 150 马力，车重 180 千克，V-4 引擎的先天优势令直列 4 缸车汗颜。不要忘了，它不仅仅是一台 750 毫升级别的摩托车。NR750 那高科技的引擎、复杂的排气系统、碳纤维车体，还有散发着钛合金光芒的屏幕已远远超出了“前卫”所代表的含义，甚至无法被赛车界接受，又昂贵得让人望而却步。

NR750 是 V4 引擎的神话之作，然而早已停产，连模具都被销毁了。如今“物以稀为贵”的 NR750 价值 6 万美元，相当于 3 辆杜卡迪的价格。尽管如此，它仍然是无数车迷的“梦中情人”，但是 NR750 存世极少，全英国当年也不过引进了 8 辆，真是有钱也买不到。

本田 NR750 参数

发动机：椭圆活塞 V4　36 气门

缸径 × 冲程：101.2mm × 50.6mm

排量：747.7ml

化油器：燃油喷射

功率：91.86kw / 14000rpm

变速器：6

燃油箱：17L

压缩比：11.7:1

郎认为要改变美国民众对摩托车的传统观念，将其从少数狂热的车迷手中解救出来，让摩托车成为连妇女也能愉快驾驶的交通工具。

HONDA

本田“金翼”自1975年诞生以来一直是豪华巡航车流派的“掌门人”、同级别车中的翘楚，堪称日本配置最高的量产摩托车，也是世界上体积最大、整备质量最大、排量最大的巡航车，有人更是将其称为“摩托车中的劳斯莱斯”。

由美国俄亥俄州本田公司生产的本田“金翼”历经30年风光不减，基本每3年左右就推出新版车，其车型从整体性能到局部配置都极尽奢华，加上极高的科技含量，其魅力令人难以抗拒。

金翼GL1800装配四冲程水冷1832毫升水平对置6汽缸发动机（这种发动机是当年巡航车中级别最高的），达到欧Ⅱ排放标准，百公里加速时间4.1秒，最高车速208公里／小时，最大功率87.47千瓦，最大扭矩169.44牛米，采用电脑操控数码式三元点火系统，是世界上首辆带气囊的摩托车。

“金翼”有极高的品质，很少进修理厂，相信这也是它赢得无数赞美的重要筹码。同时，GL1800的外形时尚动感，半包围式车身设计，整车线条充满力量，魅力慑人的发动机赤裸地展现在人们眼前。像一辆豪华跑车的金翼GL1800非常适合长途旅行，续航能力超过360公里！“金翼”拥有非常狂热与忠实的骑手，他们组织俱乐部、聚会，集体在高速公路上狂奔。虽然售价超过30万人民币的金翼GL1800只属于“贵族骑士”，但能驾驭金翼，载着心爱的人，听着美妙的音乐，疾驰于阳光之中，却是每个车迷的梦想！

本田 CBR1000RR

也许只属于“贵族骑士”的本田金翼有些令人望而生畏，但2005年那款CRF450X越野摩托车不会拒绝任何人。如果你想为疲倦的心灵开拓一片广阔的天地，离开喧嚣，追寻自由的乐园，那么它就是你最好的选择。

CRF450X脱胎于非常优秀的CRF450R，对于非专业人士来说，作为纯粹赛车的CRF450R显然过于偏激、不易操控。本田在CRF450R基础上，对每个零部件重新设置，打造出经典的CRF450X。为了使CRF450X成为个性十足的越野车，本田为它设计了许多充满诱惑力的“亮点”。一是安装了一套英国越野名牌Renthal铝合金把手，采用软座安装，增加舒适性；二是增加照明系统；三是安装电启动按钮以及特殊的热启动拨杆，这样一来即

2005年，在第39届东京车展上，本田展出了乘用车、概念车、摩托车以及各种技术类展品。摩托车方面以“梦想的翅膀”为主题，提倡制造具有新价值观的摩托车的理念。本田展出38款52辆摩托车，以新型概念摩托车E4-01为首，并展示了销车型CBR1000RR、CBR600 RR等。本田还展示了全球首款采用安全气囊系统的量产摩托车“金翼”，这是品牌独创的安全环保技术，当摩托车受到正面撞击时，安全气囊可以减轻驾驶者受到的伤害。

使不小心翻车，通过轻拨拨杆也能让CRF450X重新发出轰鸣，这对内行的越野爱好者来说尤其具有吸引力；四是采用了最新技术的T型环密封链条。无论是参加比赛还是自娱自乐，本田CRF450简直就是为探险而生。想象一下，驾驶性能高超的CRF450X掠过连绵起伏的丘陵，穿越遮天蔽日的森林，征服怪石嶙峋的崎岖山道，漫游于风景旖旎的海滨，那是多么令人向往的境界！

“展开每个人梦想的翅膀，与更多人一起分享梦想，创造出新的价值和欢乐！”这是本田为人们撑起的梦想天空。本田摩托车惊艳而不拒人于千里，呈现出挑战极限的无畏气度和永恒的创造力。如果你累了烦了，就驾驶本田摩托，挑一个晴朗的日子，驶向心中的圣地吧！

YAMAHA

雅马哈

“摩托越野时代”的开拓者

雅马哈摩托车洋溢着令人无法抗拒的艺术之美，然而它追求的不仅是行驶的速度与奢华的外表，在一款款名作迅速流行、带给车迷无限憧憬之时，驾驶雅马哈摩托就成为追求高品质生活的宣言。

自1955年诞生之日起，雅马哈发动机株式会社就致力于制造世界顶级摩托车，矢志不渝地为营造最佳的“驾驶感觉”而努力着。雅马哈创造了一种独特的“机车哲学”，它使简单的“双轮机车”变成意义非凡的机械艺术品，深刻地影响着人们的生活。

雅马哈摩托车是赛场上的英雄，它的赛车在世界摩托车锦标赛上不止一次获得“最佳制造商奖”和“最佳个人奖”，成为该品牌崇尚“运动精神”最好的证明。因为赛场上的傲视群雄，因为款款畅销，因为承载着尖端的科技，因为掌握了潮流的脉动，雅马哈摩托车总是令人产生无限的期待。在2007年第40届东京车展的雅马哈展台上，雅马哈营造了一个以“发动艺术”为主题的“机车世界”，其中展示了从“艺术”出发，以创造交通工具的“无限可能、优秀、乐趣”为重点而开发的19款概念摩托车：复古的“樱花”充满了日本风情；四轮的“立方体”重新定义了摩托车的概念；以甲醇水溶液为燃料的燃料电池两轮车FC-Dii是品牌环保理念的最佳代言者；而坐垫、

创始人
川上源一
创始时间
1955年
创始地
日本·静冈县

后轮、车把和踏脚板均可折叠以减小收纳空间的电动交通工具 BOBBY 则是雅马哈对未来舒适生活的展望……

雅马哈的车迷们一定还记得最初的“红蜻蜓 YA-1”，在 20 世纪 50 年代，售价近 14 万日元的“红蜻蜓”堪称纯粹的奢侈品，它被形容为“最昂贵但最物有所值”，加之其在富士登山赛中的勇夺桂冠，更是为雅马哈的历史增添了“旗开得胜”的重要一笔。

雅马哈发动机株式会社创立于 1955 年，当时，日本国内摩托车产业经历了不小的变动，从高峰时期 150 家制造商到只剩 40 家，战前一些著名制造商在激烈的市场竞争中纷纷落败，取而代之的是战后一些生机勃勃的新兴企业，就像雅马哈和本田。

1955 年 2 月，雅马哈的第一款摩托车 YA-1 成功问世，当时摩托车都是全黑设计，YA-1 却采用了非常时髦的栗红色，因此它被称为“红蜻蜓”。“红蜻蜓”比任何车型都能代表雅马哈的本质。为确保最高品质，每辆 YA-1 均由手工装配并上漆，然后经过严格的质量检测。那时日本一名男大学生毕业后的平均月薪约 1 万日元，YA-1 售价近 14 万日元，绝对是超出大众购买能力的奢侈品。尽管如

雅马哈 YZF-R1

雅马哈 FJR1300A

此，1957 年正式量产时，YA-1 的订单高达 11088 辆，该车被称为“最昂贵但最物有所值”的摩托车！

对于希望给世界带来更多感动，不断丰富人们生活的雅马哈来说，竞赛和运动早已成为一种传统。在各种顶级赛事中，雅马哈获得了数不清的荣耀，并且凭借尖端的技术开发出多款比赛专用摩托车，它们在赛场上演绎着风驰电掣的传奇。

早在 1965 年，雅马哈就推出了震惊世界的 RD56，RD56 在全国性和国际性摩托车比赛中屡屡获胜，被人们称作“世界上跑得最快的 250cc 赛车”，它在世界大奖赛（World GP）250cc 级别中占绝对优势，费尔·里德驾驶 RD56 在 1964 年与 1965 年连续两年囊括世界摩托车锦标赛“最佳个人奖”和“最佳制造商奖”。从此，雅马哈摩托车名扬世界。

YAMAHA

在当今世界，不少摩托车品牌走奢华路线，还有一些崇尚复古，在知名的车展上，人们看到更多的则是“科技”，而雅马哈从诞生之日起，就和“运动精神”难舍难分，它是荣耀、速度与力量的完美结合。

雅马哈创造出无数历史名车，包括有“日本国内第一款真正的越野赛车”之称的 DT-1、4 冲程超级摩托车 XS-1、创大型单缸越野摩托车先河的

Corbin

雅马哈“高空客机S版”参数

排气量：1851.85cc

引擎类型：V2

压缩比：9.5:1

冷却系统：气冷

排挡箱：5速

净重：343.8kg

座位高度：734mm（可调）

轴距：1715mm

车长：2581mm

车宽：935mm

前避震：46mm伸缩叉

前车轮：130/70－18

后车轮：190/60－17

前煞车直径：298mm

后煞车：单盘

后煞车直径：320mm

油箱容量：17.03L

XT500……它们凝结着最佳的品质，带给车手一种无法用性能参数量化的驾驶乐趣。

可以这样说，是雅马哈为摩托车运动者打造了越野运动的新天地。日本国内第一款真正的越野赛车就出自雅马哈的手笔，也许很多人知道的只是大名鼎鼎的 DT-1，那时，日本国内所有越野赛车实际上都只是专门改装的公路赛车。而就在 1968 年 5 月 DT-1 推出之前，雅马哈携秘密研制的单缸 250cc 二冲程越野摩托车参加了福岛县郡山市“全日本摩托车越野锦标赛”，这款被称作 YX-26 的样板车为此后的 DT-1 摩托车奠定了基础。尽管当时雷雨使赛道条件变得异常恶劣，但仍有 8 万多人争睹著名车手铃木忠男的风采。他驾驶首次参赛的纯黑色 YX-26 摩托车，从一开始便领先，直到最终获胜。与 YDS 那 120 千克的车身相比，只有 86 千克的 YX-26 在比赛中占有明显的优势。当时，日本摩托车制造商在国际性公路车赛中已开始崭露头角，但在赛场上一统天下的仍然是欧洲制造商。雅马哈 YX-26 的登场以及随后取得的一系列胜利带给赛车世界一个惊人的讯息：日本的 YX-26 已经能与欧洲的顶级越野摩托车一争高下了！

就在阿波罗 11 号登月成功的 1969 年，第 16 届东京车展上的制造商们纷纷围绕太空和未来这两大主题吸引大众的目光，这时雅马哈推出了自己第一款四冲程摩托车 XS-1。当时，美国对大排量摩托车的需求增大，而日本国内高速公路时代的到来也加快了各大制造商开发大排量摩托车的步伐。这些大排量摩托车被称作

雅马哈 FZ1

“超级摩托车”或“超级运动型”摩托车。然而雅马哈XS-1与其他“超级摩托车”明显不同，它完美地体现了“操作灵活、性能出众”的设计理念，被车迷们称为“充满驾乘乐趣的漂亮摩托车”。

1975年亮相第21届东京车展的XT500是雅马哈首台搭载单缸4冲程500cc发动机的车型，是大型单缸越野摩托车的开山之作，并首次在摩托车上大胆采用前倾式倒置后悬架，XT500迅速成为人们关注的焦点。XT500以令人吃惊的方式赢得了欧洲车手的喜爱。在包揽了1979年首届巴黎-达喀尔拉力赛前两名和第二届的前四名之后，雅马哈XT500在法国和德国赢得了新一代车迷的追捧。许多年后，由XT500演化而来的雅马哈Tenere在欧洲摩托车车迷中成为“冒险”的同义词。

近年来，雅马哈不断推出一些新款车，它们都受到了车迷的欢迎，就像被称为新时期雅马哈的“旗舰战车”的YZR-M1以及R1，不仅如此，雅马哈的创造力在它那些四轮越野摩托车上更是得到了完美体现：装有595cc发动机的“灰熊”可以被称作世界上最大、最强劲的4轮越野摩托车；而拥有“咆哮雷公”之称的“勇士”则装有348cc单缸发动机，能展现出高水平的运动性能。4轮越野摩托车是雅马哈的亮点，从它们身上人们能感受到更多的力量与激情。与日本同行铃木、本田与川崎相比，雅马哈摩托带给人们更多“稳健”之感，崇尚竞赛精神、科技精神与传统精神，雅马哈作出的任何一点精巧变革总是能够在摩托车领域内创造出新的传奇。

博思浩斯

创造力与想象力造就的奇迹

实际上，博思浩斯就是一种超级动力玩具，满足着车迷们孩子般的野心。虽然它们体态笨拙个性怪异，巨大的“胃口”不断吞食你的金钱，虽然 V8 发动机持续制造出令你难以忍受的热浪……但是，如果你想成为万众瞩目的焦点，想做雷霆万钧的骑士，想进行别开生面的速度游戏，那就非博思浩斯不可！

虽然一般的轻便机车为人们的出行及休闲带来不少乐趣，但在很多摩托车爱好者心中，大排量摩托车才能真正将速度、力量与行驶的乐趣发挥到极致。于是，近年来很多摩托车生产商都在“大排量”上下足了工夫：本田有1800cc级别的金翼旅行摩托车，川崎有2000cc级别的“火神”，英国老牌摩托车凯旋也不甘寂寞，推出超大型的“火箭Ⅲ”，排气量达到骄人的2298cc！但这些所谓的“巨无霸”与美国的博思浩斯比起来，却显得有些“黯然失色”。博思浩斯的那款ZZ4可谓公路上的“航空母舰”——液冷V8发动机、最大功率355马力、最大扭矩405牛米、自重500千克、总排气量更是达到惊人的5700cc！如果有人说这样的机器不够完美，也只能说他不懂得博思浩斯。

博思浩斯是独一无二的，要是你觉得车厂里那些整车不能完全表达你的个性，那么公司还提供许多选装件供车手选择，比如风格迥异的

创始人
蒙特·沃内
创始时间
1990年
创始地
美国·戴滋堡

博思浩斯 BHC-3 ZZ4

坐垫皮毯、行李箱、行李架、小型风挡，以及各种帽子、眼镜、夹克等配饰。如果车主非常想展示创造天赋，车厂甚至可以出售除了发动机以外的所有散件，供你发挥想象力组装一辆自己的博思浩斯，就像创始人蒙特·沃内当年所做的一样。此外，博思浩斯还有一种带 3 速自动变速器的三轮摩托车版本供客户选择，创造出独特的驾驶乐趣。

实际上，博思浩斯早已不是单纯的摩托车。当已经拥有几辆机车并对传统驾驶方式深感乏味的你，驾驶着自己崭新的博思浩斯出现在地平线上时，所有人听到那“隆隆”巨响都会心生疑惑：那是什么？重型卡车吗？接着，在惊讶与艳羡的目光中，你和你的博思浩斯飞驰而过，一道热浪如同飞机的尾线装饰着人群的欢呼……“快看，那究竟是什么？”当你不止一次听到这样的话语，一定会在心中感叹，原来博思浩斯才是最好的选择！

很多奇迹的诞生都属于偶然，如果当年蒙特·沃内没有对哈雷戴维森感到失望，那么世界上也许就不会有一种叫“博思浩斯”的摩托车了，然而博思浩斯可不仅仅是个奇迹，它从诞生的那天起，就已经成为让人过目不忘的经典。

博思浩斯的缔造者蒙特·沃内是个狂热而且非常有天赋的摩托车爱好

者。早在 10 岁那年，他就制造出属于自己的摩托车——由于对著名自行车品牌史温（Schwinn）机动脚踏两用车微薄的动力不满，他用一台动力为 5 马力的发动机替代了原车 1／5 马力的小型发动机，其在机车领域的兴趣和才能由此可见一斑。1988 年，蒙特满心欢喜地拥有了自己的哈雷戴维森。然而好心情并没有维持多久，作为狂热的摩托车爱好者，蒙特非常挑剔，他对哈雷戴维森的驾驶感觉和 V 型双缸发动机的动力输出很失望，甚至认为哈雷戴维森难当盛名。当然，如果换了别人，也许会去适应哈雷戴维森或者再试试其他品牌的摩托车，但颇有天赋的蒙特决定制造一辆能够令自己满意的摩托车。1990 年，他制造出第一辆博思浩斯，搭载了一台雪佛兰 V8 发动机。狂野的造型、桀骜不驯的风格、轰鸣的排气声、蛮牛一样的动力……当这辆博思浩斯开到公路上时，立即吸引了无数人好奇的目光，大家都在兴奋地谈论这辆摩托车，许多摩托车爱好者还强烈要求蒙特将博思浩斯卖给他们，于是，蒙特决定满足大家的要求。1992 年，博思浩斯车厂开张。起初，公司只提供成套的散件给狂热的车迷，由他们自己组装并制造博思浩斯，到了 1998 年，公司开始独立制造并出售整车。

博思浩斯非常经典的车型是“霸王级别”的 ZZ4，这款车最大的卖点就是震撼人心的雪佛兰液冷 V8 发动机，由于排气量太大，博思浩斯车厂以及车主们更喜欢用“350 立方英寸”而不是用 5700cc 来称呼 V8 发动机。博思浩斯的排气量已经超过大多数汽车，排气管传出来的声音也完全不像摩托车，而能够令人想起大型拖拉机。ZZ4 的 0～96 公里／小时加速只需 2 秒，5 秒内便可从静止加速到 160 公里／小时，而且后劲十足，即使高速行驶，驾驶者也能随时获得强大的拖拽感。当人们听到震耳欲聋的气浪声，一定会认为是怎样的庞然大物，然而，只是一辆摩托飞驰而来，又绝尘而

蒙特回忆道：“1991 年 3 月，我平生第一次去了代托纳。万万没想到，我的自制摩托车刚从卡车上搬下来，落地未稳，已经有人嚷着要买了。在摩托聚会例行的大游行中，我的摩托车引起许多人围观，以至警察也不得不前来干预。”意外的成功使蒙特备受鼓舞，回到家中，便动手制造不带马达的车身，又凑了些钱，制造出 3 辆完整的博思浩斯，第二年蒙特带着它们，再赴代托纳。在代托纳，所有的专业杂志都在谈论博思浩斯，摩托车迷们更是为之倾倒，订单源源不断。

顶级

镇牌之宝

博思浩斯 BHC-3 ZZ4 技术参数

发动机型式：四冲程 V8　雪佛兰液冷引擎

总排气量：5700cc

压缩比：10：1

功率：355hp

扭矩：405N·m

变速系统：2 速自动变速

传动系统：皮带传动

轴距：2032mm

座位高度：711mm

净重：500kg

刹车：前双 12.6 英寸浮动盘，配 4 活塞卡钳

　　　后单 12.6 英寸浮动盘，配 4 活塞卡钳

油箱容积：32L，以及 7.6L 备用油

BOSS HOSS

去，那就是博思浩斯。

ZZ4 气势如虹，以至于本田公司的重型巡航车“瓦尔基里”（Valkyrie）摆在它一旁会显得相形见绌。由于 V8 发动机的巨大威力，传统的摩托车轮胎甚至无法承受博思浩斯的重量和动力。为此，ZZ4 采用方形汽车轮胎作为传递动力的后轮胎，而前轮则是巨大的 130／90－16 型传统摩托车轮胎，形成震撼人心的视觉效果，ZZ4 甚至不用侧支架就可以安稳地停靠！这种方型汽车轮胎增强了刹车时的稳定性，众所周知，如果在高速时单独采用后刹车，摩托车轮胎与地面之间很容易产生滑动，但博思浩斯的轮胎与地面之间有很大的接触面积，像安装了一把铁钳，稳稳地将烈马一样的博思浩斯控制住。细心的车友可能担心在过弯时会出现尴尬局面，然而试驾表明，博思浩斯的轮胎在过弯时顺应性非常好，轨迹准确，驾驶者可放心倾斜车体，倾斜的角度甚至超过了比它小得多的巡航车！

每个人都知道 V8 发动机“胃口”不小，你不能指望博思浩斯是经济型机车，因此大油箱必不可少。它的油箱能够容纳 32 升汽油，此外还有备用的 7.6 升汽油装在座位下的油箱中。据测试，ZZ4 低速行驶时每升汽油可续航 8.5 公里，高速时每升汽油可续航 10.5 公里。也就是说，如果合理控制油门，你可以与 ZZ4 完成 320 公里左右的“激情共舞”。ZZ4 的主人不但需要拥

博思浩斯 BHC-3 ZZ4

博思浩斯 BHC-9 ZZ4

有健壮的体魄，还要拥有游刃有余的驾驶技巧，所以如果你“手无缚鸡之力”，最好不要去招惹这只“巨兽”，远远地欣赏它就可以了。其实，除非过于猛烈地拧动油门，一般来说 ZZ4 的加速很猛但不会非常暴烈，让车主备感安全。加上 V8 发动机和超长轴距带来的极低重心，ZZ4 跑起来又快又稳。如果你觉得 ZZ4 还是不能满足你对动力的需求，如果你的口袋中还有余钱，那么车厂还提供另一款限量版的 502 型博思浩斯。它搭载总排气量为 8200cc 的 V8 发动机，输出功率超过 500 马力，输出扭矩 567 牛米，净重更是高达 590 千克！

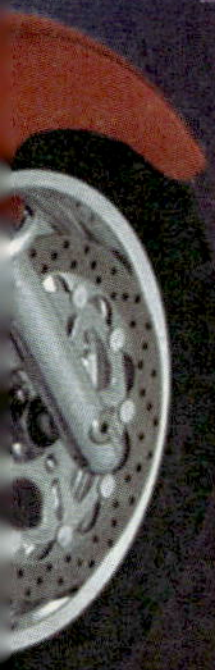

V8 发动机是如此庞大，加之液压自动变速系统，安装这么一个动力传动装置真是个大问题。好在博思浩斯工厂制造的经过热处理的特殊车架能够有效解决问题：安装时不是将发动机固定到车架上，而是把车架剖成两半，再用两半车架将整个动力传动系统包围后焊接起来。这种车架使博思浩斯摩托车结构非常紧凑，虽然看上去庞大甚至笨拙，但与其他巡航车相比，博思浩斯还算轻盈。

除了超强的动力，博思浩斯还有许多与众不同之处：它的喷涂质量很高，颜色丰满而且耐久，这是因为采用了独特的内置粉末式喷涂，这比传统的液体喷涂效果更好；整车到处银光闪闪，镀铬件随处可见，就连刹车油管的软管外面也是不锈钢的；利用真空技术制造的仪表板非常有特色，安装在油箱顶部的成套仪表分别是水温表、机油压力表、电压表、带有转速表或时钟的大型速度表，整个布局干净利落，增加了博思浩斯特立独行的韵味。

此外，整车装饰有很多博思浩斯的徽标，显然，车主们从不掩饰自己对这款摩托车的喜爱，博思浩斯是他们的骄傲。

Y2K

Y2K超级涡轮摩托

科技时代的精彩启迪

制造商

美国船用涡轮技术公司

上市时间

2000 年

产地

美国·路易斯安那州

诞生于千禧年的Y2K，诠释了人类追求速度的最肆无忌惮的野心，创造了无与伦比的激情。全球仅有10辆，售价18.5万美元，吉尼斯世界纪录称其为世界上动力最为强劲的、最昂贵的生产型摩托车。

Y2K

Y2K的诞生始于一个颇具野心的想法，带有很大的偶然意味。泰德·麦金蒂尔是“船用涡轮技术公司（Marine Turbine Technology，简称MTT）”的老板，他说：“我早先曾经将航海用的涡轮改装后装到飞机上，成为飞机的引擎，也曾经把这种涡轮装到游艇上作为驱动装置，快到2000年了，我想是不是该继续拓宽它的使用范围，制造能够‘飞行’的车了？”后来，麦金蒂尔给出的答案是Y2K超级涡轮摩托车，他宣称美国军方已向他定购了20辆Y2K，但至今为止全世界也仅有10辆，2004年时，Y2K的单价已经达到18.5万美元！Y2K是世界上第一辆涡轮动力机车，吉尼斯世界纪录给这款摩托车的评价是“动力最为强劲的、最昂贵的生产型摩托车”。

在Y2K摩托车那里，科技的魅力在于创造了无与伦比的激情。纵观摩托车历史，很多著名的古董车受到收藏家的追捧，那是出于对历史与传统工艺的痴迷。然而2000年才“出世”的Y2K，诠释的是人类追求速度的最肆无忌惮的野心，它展现了一个充满科技味道的“未来世界”。迷倒世人无数的Y2K装有碳合金底盘，使用劳斯莱斯Allison 250－C18型号的涡轮喷射机引擎，这种引擎本来是用在直升机上的，功率达到300马力，转速高达50000转以上，在2000转时扭矩达到惊人的574牛米，最高时速365公里／小时！

使用与贝尔直升机相同的喷射引擎的Y2K，简直不是一辆摩托车，而是复杂技术的混合实验体！看看它那近似于直升机的启动步骤吧：点火，一位Y2K车主曾经讲过这样的笑话，一次他坐在Y2K上等红灯，身后有一辆汽车靠得很近，显然司机不知道Y2K的排气温度有1200度！这位Y2K车主一见绿灯立即开溜，不过也许汽车车主只有到家的时候才会发现，汽车的前保险杠被熔掉了！

涡轮缓缓转动，逐渐变快，耳边响起振奋人心的发动机轰鸣声，顷刻间转速就接近20000转，这时高压油渣混合物已被点燃，燃烧继续——Y2K准备起步！这款摩托车的起步不须用离合器，由于驾驶者前倾的坐姿及后脚踏恰到好处的位置，加速到160公里/小时的时候，它仍然给驾驶者带来顺畅而舒适的感觉。

Y2K的弯向十分稳定，但在多弯路面要比正常机车多使用制动。喷射引擎散出的热量颇高，但车手有足够的隔热保护。很多人都不知道喷射引擎的工作原理，以相近体积或重量计算，它们比一般活塞引擎拥有更大的功率。Y2K采用直升机常用的Allison C18型号发动机，这种发动机能够让直升机具备前行的动力，并克服地心引力。Y2K 0～60公里/小时加速只需1.5秒，而它的两速半导体原料的设计意味着一旦时速达到70公里，车手只需按动一个按钮，顷刻间Y2K的速度就可以提高到250公里/小时！

Y2K

Y2K拥有梦幻般的速度，著名的“探索频道”曾经拍摄过一个纪录短片，让Y2K与一驾喷气式飞机比赛！从起点开始，Y2K与飞机同时点火“起跑”，比赛结果令人吃惊，Y2K以绝对优势冲向终点，赢得了比赛！

如果你迷恋于赛车场上风驰电掣的种种奇迹，听不够发动机的震耳轰

鸣，那么你也一定不会忘记那部经典的好莱坞影片《速度与激情》，它于2001年掀起了赛车电影的狂潮，后来又接连拍摄了续集。在赛车题材成为银幕热点之后，好莱坞似乎缺少一部精彩展现摩托车狂飙快感的电影，于是2004年1月华纳兄弟影业公司的《极速酷客》应运而生，影片中有一场在加州拍摄的摩托车公路赛，数以百计的摩托车车阵让人大饱眼福，而这部电影中那款最夺人眼球的“终极战车”就是Y2K！剧组罗列了表演特技的摩托车须具备的优点，特意挑了86辆动感十足的机车备选，只有Y2K最终通过所有指标。MTT的老板麦金蒂尔提供了有关制造Y2K的完整纪录片，包括专业特技骑手詹姆斯·凯恩的极速试驾，而华纳兄弟公司在搜集幕后材料时更是只选择了Y2K的影像片段。

Y2K的试车感受可以总结成以下几点：较适合定速负荷；耗油量惊人；引擎转速奇高；行驶中产生高热量。Y2K具有某种“附加特色”，比如你可以在加油之后扬长而去，没人追着你要油钱，因为他们根本追不上；虽然警察可以轻易通过摄像机和测速雷达发现你超速行驶，但如今Y2K装备了专门干扰雷达的扰频器；如果警察开着警车跟踪你，你也可以通过Y2K的电视镜头看到，它和全球定位系统相连。麦金蒂尔说：“Y2K的一个客户曾经给我看过一张罚单，时速高达217公里/小时，超速55公里，罚款1万美元，再加上由此制造的噪音罚款100美元。”

2005年4月27日至5月1日，世界上

“骑着Y2K超级涡轮摩托车就像被上帝指引着前进一样。”MTT的老板麦金蒂尔这样形容自己的得意之作。虽然Y2K的动力强大得可以用来冲浪，但是世界上真正有机会驾驭这个“动力王”的人却是少之又少。在现有的10辆Y2K中，NBC著名脱口秀主持人杰·雷诺买下了第2辆，《极速酷客》用的是第4辆。

顶级

镇牌之宝

Y2K 超级涡轮摩托参数

引擎：劳斯莱斯 Allison　250 喷射涡轮

传动：单速

最大功率：206hp / 52000rpm 压缩器转速

最大扭矩：574N·m / 2000rpm 输出轴转速

车架：铝制双梁

悬挂：前 WP 倒立前叉，压缩回弹调校；后 Fournales 气压避震，预载回弹调校

制动：前 320mmx2PFM 碟，6 活塞卡钳；后 320mmx1PFM 碟，6 活塞卡钳

轮圈：前 Dymag 碳纤 3.50x17；后 Dymag 碳纤 6.00x17

轮胎：前“倍耐力轮胎”（Pirelli　dragon）120 / 70 – 17；后“倍耐力轮胎”200 / 50 – 17

前倾角：26.7 度

轴距：1803mm

座高：800mm

油箱：32L

净重：210kg

最快的有公路行驶权的生产型摩托车Y2K在莫斯科红场亮相，参展超级汽车摩托车车展，“世界上第一辆涡轮摩托车首次亮相欧洲车展”成为这个事件最引人注目的标题。“超级汽车摩托车展与其他在俄罗斯举办的汽车展完全不同，而Y2K同样是那么与众不同。我们重新书写了车展的规则，MTT的影响力则完美突出了这一点。”莫斯科超级汽车摩托车展主席阿德里安这样说。在那次车展上，独特而充满异国风情的Y2K吸引了无数目光，显然成为最先进、最具有探索精神的超级摩托车的典范。这就是曾经入选“世界十大最经典机车”的Y2K，仅仅排在杜卡迪916、本田CB750、本田C90之后，无论是在动力性能、设计或是表现方面，都堪称摩托车历史上的里程碑。

道奇战斧

地平线上的力量之王

被赞誉为“滚动的艺术品”的道奇战斧是世界上最昂贵、速度最快的摩托车。它实现了人类对于未来造车科技最大胆无畏的尝试，拥有道奇战斧的人甚至会怀疑自己拥有的到底是一辆顶级摩托车，还是一个绝美的梦境。

制造商
道奇公司
上市时间
2003 年
产地
美国·底特律

在 2003 年底特律的北美国际车展上，最引人注目的不是各式各样的豪华轿车和跑车，而是美国克莱斯勒集团的下属品牌“道奇”推出的“道奇战斧”摩托车。其实，“战斧”的身份非常值得怀疑：首先它搭载了道奇著名的“蝰蛇”（viper）跑车 V10 发动机，排气量高达 8277 毫升，相当于 5 辆本田金翼大型旅行车的排量，这个强悍的“心脏”可以支持它达到 640 公里／小时的极速，这样的速度可以和一些小型飞机媲美！不仅如此，“战斧”的四轮配置彻底打破了摩托车的两轮传统，颠覆了人们对交通工具的传统认知模式。所以，你可以称“战斧”为摩托车，但是更适合它的名字是“未来科技精品”。

克莱斯勒集团目前仅限量售出 9 辆复制品供爱好者收藏，每辆价格高达 55.5 万美元，相当于 3 辆奔驰 S600 豪华轿车的价格，而且车主在交款后还要等上漫长的 90 天才能与自己的爱车“亲密接触”；由于相关法规的限制，“战斧”摩托暂时不具备驰骋于公路之上的权利，但不限制其在私人车道上狂奔；同时“战斧”为获得极速而放弃了挡风板的设计，以便有效防止空气阻力对车速的影响，但强大的气流会冲击车手的身体，如果不想被抛向空中，就必须先把自己绑定在车上！难怪一个车手在试驾“战斧”后发出这样的感

叹：“当你驾驶它全速行驶时，你会感觉整个人都被气流牵引向上，就好像上帝之手在助你飞翔。”

道奇公司的标志是强悍矫健的大角公羊，彰显着品牌野性十足、雄浑奔放的个性，正如克莱斯勒设计部的副总裁切尔·格雷德所说：“道奇的造车哲学总是推动我们去触及生命的边缘。”

1897 年，道奇品牌的创始人道奇兄弟与佛瑞德·埃文斯在底特律合作成立了企业，成功制造出“埃文斯–道奇”自行车。后来，道奇兄弟在底特律建立起机械厂开始为福特汽车制作大量的配件，包括发动机、底盘和所有的传动部件。几年后，道奇兄弟在密歇根州重开了一家大型工厂，这就是后来著名的道奇总厂。道奇的历史的确可以用“飞跃”两个字形容：1915 年，道奇汽车的销售量位居美国第四；1917 年，道奇公司创造了年销售 10 万辆车的纪录；1919 年，他们就在销售的 12.1 万辆汽车上获得了 2400 万美元的利润，雇员达 1.7 万名。1928 年，随着克莱斯勒对道奇的收购正式生效，克莱斯勒集团渐渐具备了与通用汽车公司和福特汽车公司竞

第一次世界大战欧洲战场上，美国远征军司令官珀欣将军选择道奇作为他的座驾；到了 20 世纪 40 年代，道奇为第二次世界大战生产了 40 万辆载重车和数千辆坦克，道奇为全世界反法西斯战争的胜利立下了卓著的功勋。

争的实力，真正成为汽车界的巨头，道奇品牌也随之得到迅猛发展，成为全球汽车行业的第八大品牌。

1983 年 11 月，第一辆厢式旅行车在加拿大安大略省温索尔装配厂诞生，最初的车型包括道奇大篷车和道奇大篷车 C／V，问世的第一年里，这种车在美国卖出了 21 万辆。当时正值经济衰退期，它们对克莱斯勒公司的东山再起发挥了不小的作用。几年后这种车登陆欧洲，被人们称为“多用途汽车”（MPV），MPV 概念从此产生并传播开来。如今，道奇已经拥有多个车型系列，主要包括“蝰蛇”（Viper）、“无畏”（Interpid）、“隐形”（Stealth）、“小精灵”（Spirit）、“影子”（Shadow）、“小马”（Colt）等。

一天，道奇公司的设计人员提出这样的设想：“将‘蝰蛇’排量 8277 毫升的 V10 发动机塞进摩托车会怎样?”后来，道奇公司将这种“异想天开”变成了现实，车坛由此出现了一款世界上最引人注目、最离经叛道、最快、最昂贵的摩托车——道奇战斧。

道奇战斧车重 681 千克，铝制车身上装有道奇公司最著名的“蝰蛇”跑车 V 型十缸发动机，排量高达 8277 毫升，功率 372 千瓦，每个零件都是单独设计、按单加工，巨大的排气声很容易让人误以为它是一架飞机。

1914 年，道奇兄弟以 500 万美元的投资建成了美国第一条试车道，开创了汽车公司投资建立试车道的先河，为道奇汽车的品质提供了重要保证。同年，第一辆道奇汽车驶下组装线，道奇完成了从两个轮子到四个轮子的飞跃。

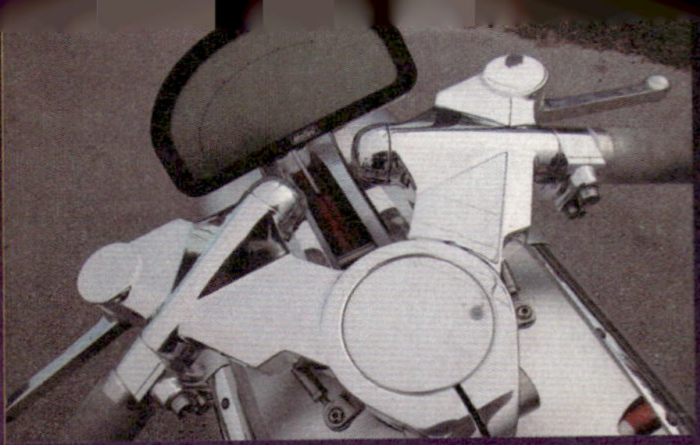

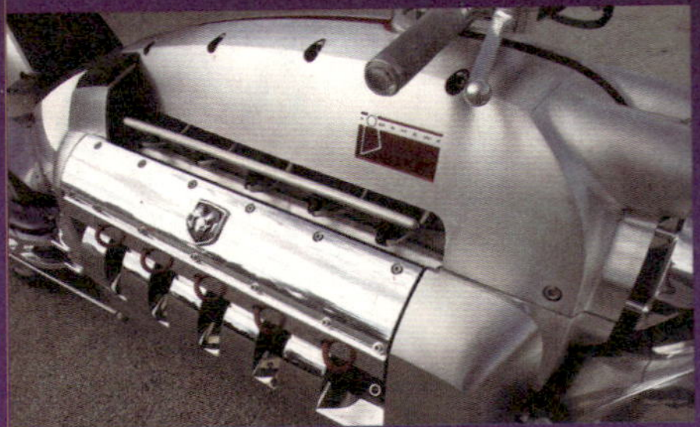

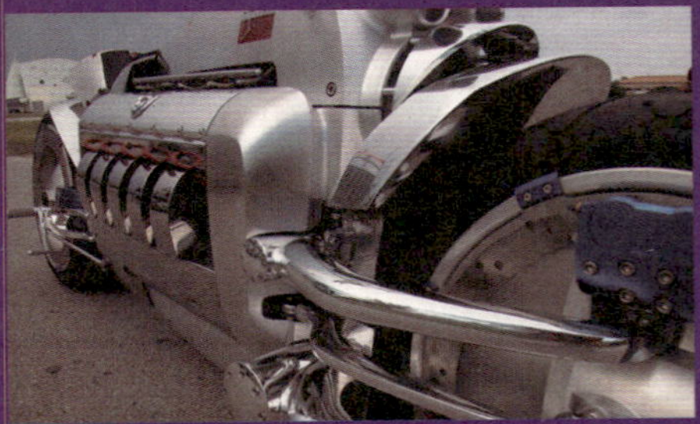

"战斧"从静止加速到96公里／小时仅需2.5秒，眨眨眼睛，它已经狂奔至百米之外！车厂保守地声称这架"陆地飞机"的最高时速超过480公里／小时，而摩托车资深媒体根据传动比初步估算，"战斧"差不多可以达到640公里／小时的极速——这个速度可以追上一些小型飞机。

有人说，道奇战斧装配的是"飞机的发动机、跑车的轮子"。"战斧"采用每个汽缸2气门、OHV推杆式结构设计，与独立顺序式电子控制燃油喷射系统相配合后，4200转／分时可以发出712牛米的强劲扭矩。设计人员以崭新的思想理念和超乎寻常的胆识创造性地使用了"四轮"的结构设计，当这款怪异的摩托车静止的时候，不需要支架就可以停稳。为了获得更快的速度，即使在转弯的时候，设计者也要求车体倾斜不能超过20度，为了实现这一目标，"战斧"采用了全悬挂式车轮，在高速转弯时能够四轮着地，既保证了速度又保证了行驶的稳定性。从侧面看上去，"战斧"还是呈现传统摩托车的样子，但当你转向正面，就会非常迷惑——它到底是汽车还是摩托车？没有一个人说它像宝马、像博思浩斯、像日本摩托车，因为"战斧"是独一无二的！

空前强悍的制动系统也是"战斧"的一大亮点，传统摩托车的制动系统通常是前轮配置双制动盘配两对卡钳（8活塞），后轮单制动盘配一对卡钳（4活塞）。但"战斧"再次展现异乎寻常的一面：4个车轮总共采用了4套制动组合，堪称勇猛无双。前轮采用两只超大制动盘和四对制动卡钳（共16只活塞），后轮采用两只超大制动盘和两对制动卡钳（共8只活塞）。这样，一台"战斧"史无前例地使用了4只制动盘和6对卡钳！此外，制动盘采用了独特的外固定安装方式，允许直径达到508毫米，超级强悍的制动力足以使"战斧"服服帖帖！

"战斧"可圈可点之处甚多，细节方面也有出彩之处。比如，道奇工程师抛弃传统的套筒式前叉或者倒立式前叉，使用了类似于比莫塔概念车Tesi2d的独特前悬挂和转向机构，令人耳目一新；离合器和前制动握杆采用精密的滚针轴承，消除了生涩的滞重感，操纵轻快柔顺；没有真正意义上的底盘，发动机就是最大的车架，悬挂系统直接固定在发动机托架上；巨大的“燃油箱”其实只是为V10发动机供应冷空气的大型空气室，而真正的燃油箱则处于你无论如何也想不到的地方，即前轮的中空式挡泥板，可以容纳12升汽油……

因为克莱斯勒集团对“战斧”采用的核心技术持保密态度，所以著名的摩托车手乔治·克里希只能通过图片目测这辆超级摩托车。这位前世界纪录保持者认为，称它为世界上最快的测试摩托车更为恰当，道奇战斧的实际速度已经十分接近摩托车设计所能达到的极限，如果再进一步提高，则很难保证车体始终与地面接触，那么应该叫它摩托车还是“摩托型飞机”就很难说了。

顶级

镇牌之宝

道奇战斧参数

发动机型式：水冷V形10缸/OHV/20气门

排量：8277ml

最大功率：372kw/5600rpm

最大扭矩：712Nm/4200rpm

长/宽/高：2590/704/937mm

最小离地间隙：76mm

轴距：1930mm　座高：737mm

轮胎规格：

前：二只，p120/60R-20，Dunlop对称式轮胎

后：二只，p150/50R-20，Dunlop对称式轮胎

制动系统：

前：508mm双盘配四对四活塞卡钳

后：508mm双盘配二对四活塞卡钳

净重：681kg　油箱容积：12L

0～96km/h加速时间：2.5s

Can-Am Spyder

惊世骇俗的三轮越野摩托

Can-Am Spyder 是注定要声名大振的车，它是如此与众不同，你甚至无法断定它是摩托还是跑车，“前两轮、后一轮”的造型已是惊世骇俗，强大的科技后盾更是无人能敌，从任何角度上说，Can-Am Spyder 都是无与伦比的。

2007 年，国际顶级私人物品展的北京会场上，世界最顶级的 60 多个融超凡工艺与艺术气息为一体的顶级品牌齐亮相。虽然美国顶级摩托车品牌哈雷戴维森携 2007 新款摩托现身展会令广大车迷兴奋不已，但庞巴迪集团旗下世界顶级四轮越野机车（ATV）品牌 Can-Am 的 Can-Am Spyder 才是超现实世界的宠儿。

能在国际顶级私人物品展上“露脸”，Can-Am Spyder 自有过人之处。暂不提它的“本家”，大名鼎鼎的庞巴迪是如何在公务喷气式飞机、支线飞机、铁路运输设备及机动化娱乐产品领域称霸世界，也不提 Can-Am 是怎样制造出一款款精美绝伦的四轮越野摩托而成为 ATV 的顶级品牌，虽然这些事实都给 Can-Am Spyder 罩上闪烁的光环，但与这款被人称为“三轮越野霸王”的机车本身相比，这些不过是一种背景，为它高端的技术支持、纯正的贵族血统，提供了最好的证明。

最值得一提的应该是 Can-Am Spyder 奇特前卫的造型，这种造型甚至颠覆了三轮摩托车的传统概念。一般来说，三轮摩托车有两种：一轮居中

制造商
庞巴迪 Can-Am
上市时间
2007 年
产地
加拿大·蒙特利尔

在前，两轮在后；或是由两轮摩托车加装有车轮的边斗而成的“边三轮摩托车”。但是惊世骇俗的 Can-Am Spyder 却是一轮居中在后，将两个轮子放在了前面！于是有人这样评价 Can-Am Spyder：它不是单纯的汽车，也不是单纯的摩托车，它是这两种事物组成的最令你心醉、最奇妙的混合体！当你将汽车拆掉一个轮子，或将摩托车安上一个轮子，就得到了 Can-Am Spyder！

驾驶 Can-Am Spyder 可以像驾驶摩托车一样享受拂面的清风，像驾驶跑车一样拥有怡然自得的心情。虽然庞巴迪的这款大作也可以算得上是越野机车中雷霆万钧的精品，但是与“对骑手要求很高”的道奇战斧不同，Can-Am Spyder 并不“咄咄逼人”，驾驶者拥有比较熟练的驾驶技术或普通驾照就可以操作自如；它也不像一般的顶级品牌，动辄用“限量生产”来拒人于千里之外，现在庞巴迪的 Can-Am Spyder 在加拿大的建议售价约为 18000 加元，而在美国则约为 15000 美元。接下来公司会在法国的四个省出售 Can-Am Spyder，第二年进军西班牙市场。庞巴迪的终极目标是三四年后，人们在世界各地都能看到 Can-Am Spyder 的身影！

很难准确描述Can-Am Spyder带给人的感觉，因为它非常独特。庞巴迪要传达一种精神：既然Can-Am Spyder是介于摩托车与跑车之间的一种产品，那么它就应该表现得比两者都好，也就是说，拥有Can-Am Spyder的日子里一定会充满行驶的乐趣！

Can-Am是有“加拿大通用电气”之称的庞巴迪公司旗下的一个品牌，以生产世界顶级的ATV闻名于世。ATV即为“All Terrain Vehicle”首字母缩写，可以译为“适合所有地形的交通工具”。如果要全面认识Can-Am Spyder，我们就必须对AVT有大概的了解，因为它毕竟属于Can-Am品牌之下。不过，人们通常很难用明确的中文来描述ATV，勉强可以称之为“全地形四轮越野机车”或是“沙滩车”。

ATV易于行驶在软质沙地上，其宽大的轮胎能增加与地面的接触面积，从而产生更大的摩擦力，再配合独特胎纹使轮胎不易空转打滑。其实，品质良好的ATV不仅能行驶在沙滩、河床、林道、溪流上，甚至沙漠地形都能被它征服，堪称全能的行驶工具。现代ATV的前身是三轮且使用低压气胎的机车，从20世纪60年代开始在美国销售。一开始只是为越野赛设计，后来逐渐发展成实用运输车与家庭休闲车。从1980年开始，各个厂商开始参与ATV原型的制造，几年后它就在美国市场流行起来，同时车体也由三轮变至四轮，随后ATV风潮由北美、欧洲、大洋洲一直蔓延至全球。

Can-Am一贯是ATV生产的至尊，Can-Am Spyder就是将先进的ATV技术以及充满智慧的造车灵感相结合的产物。Spyder外表非常吸引人，它有4轮敞篷跑车一样的造型。一颗强劲的“心脏”装配990cc庞巴迪Rotax V2引擎，最大马力106匹。除此之外，前卫时尚的外表之下是高端科技的核心。Spyder拥有高级电子安全装备，当中包括3大系统，ABS安全系统只是基本配套，另一系统就是TCS牵引力控制系统（Traction Control System），最后是SCS稳定控制系统（Stability Control System）。TCS的作用是令Spyder转向时能够依循特定的线位，当车轮意图打滑，TCS就会减低引擎扭矩

现在，Can-Am Spyder为车主提供两种颜色选择：黄色与银色，变速器也有自动和手动两种。在美国，Can-Am Spyder被归为摩托车一类，而庞巴迪则将其定性为“敞篷跑车”，因为驾驶Spyder就像驾驶摩托车一样自由而轻松，又像驾驶跑车那样舒适而安稳。Can-Am制造了一系列机车，未来Spyder一定会发展出新的型号，并且应用更多庞巴迪的技术。

输出，令车轮依线位行走。而SCS的作用更精彩，若Spyder遇上紧急情况需要窄角度大幅转向，SCS会感应角度，从而决定车身的横向加速与自转程度，通过调整引擎扭矩、左右轮独立制动等，最终令车身保持稳定。

为什么Can-Am在Spyder上采用了这样多的高科技呢？因为该车不具备双前轮倾侧入弯方式，所以需要用TCS及SCS来解决三轮车急速转向时会甩尾或前轮离地的情况。而官方的试车片段中的确可见测试员将Spyder推左推右，完全没有离地情况，而且在湿地也可以沿着线位行走。加上该车本身也属于低重心设计，总之一句话就是“四平八稳”。除了3大安全系统，Spyder还拥有几个智能系统，分别是车身稳定VSS、动力辅助转向、电子燃油喷注EFI以及数码防盗DESS系统。动力辅助转向在二轮或三轮机车界实在少见，电脑会感应车速、扭矩、负重等资料，然后计算出适当的转向辅助。

除了电子系统，Spyder还可以加装不少配件，例如竞赛尾喉（减少废气和声音）、长短风镜、椅背、单座盖、尾架等等，厂方还有头盔及配套服装，令Spyder散发出无与伦比的个性化魅力。尾箱在哪里？不用了！Spyder的车头就是一个容积44公升的储物箱，甚至可以放得下两顶头盔！

Spyder早已成为全球众多车迷和媒体的焦点话题。截至目前为止，美国的11个州、加拿大的4个省、欧洲8个国家超过2万人已经体验了该车。最初的时候，很多人对“前两轮，后一轮”的机车造型持怀疑态度，但如今Can-Am却勇敢地打破了人们的固有观念。虽然现在Spyder的产量并不多，但已经足够引起年轻人的注意。在拥挤的城市中，比起那些超级跑车，风驰电掣的Spyder毫不逊色，它注定会吸引更多关注与艳羡的目光。毫无疑问，Can-Am Spyder将创造公路跑车的新纪元！

在西欧和北美，像波音飞机与空中客车一样，“庞巴迪”是个“如雷贯耳”的名字。在公司总部所在地加拿大，庞巴迪甚至有“加拿大的通用电气”之称。的确，庞巴迪人在经营着世界！天空飞翔着庞巴迪人制造的飞机；地上奔驰着庞巴迪人制造的高速列车；水中庞巴迪人制造的船舶快艇扬帆启航……尽管有如此的成绩，Can-Am Spyder的推出依然是庞巴迪历史上的重要时刻，庞巴迪的董事长说：“庞巴迪为这款全新的车型感到骄傲，它展示了庞巴迪的创作激情和在动力传动装置工业方面的优势。”

顶级

镇牌之宝

Can-Am Spyder 参数

长×宽×高：2667mm×1506mm×1145mm

轴距：1727mm

最低离地距：115mm

座高：737mm

重量：316kg

引擎形式：水冷四冲 DOHC

V型双汽缸庞巴迪 Rotax 引擎

缸径×冲程：97mm×68mm

压缩比：10.8:1

总排气量：990cc

最高马力：106ps / 8500rpm

最大扭矩：10.65kg－m/3500rpm

车架形式：包围翼梁式

传动系统：湿式多片五前速，皮带传动

燃油供应：电子燃油喷注

前悬挂系统：双A臂附防滚杆，144mm行程

后悬挂系统：单筒弹簧避震，145mm行程

轮胎（前）：165/65R14

轮胎（后）：225/50R15

油缸容量：27L

图书在版编目（CIP）数据

跑车·摩托车 / 狄玉昭编著.—2版.—哈尔滨：哈尔滨出版社，2017.5
（顶级系列）
ISBN 978-7-5484-2958-6

Ⅰ.①跑… Ⅱ.①狄… Ⅲ.①跑车-介绍-世界②摩托车-介绍-世界 Ⅳ.①U469.11②U483

中国版本图书馆CIP数据核字（2016）第262572号

书　　名：跑车·摩托车

作　　者：狄玉昭　编著
责任编辑：富翔强　任　环
责任审校：李　战
封面设计：源画设计室

出版发行：哈尔滨出版社（Harbin Publishing House）
社　　址：哈尔滨市松北区世坤路738号9号楼　　邮编：150028
经　　销：全国新华书店
印　　刷：哈尔滨报达人印务有限公司
网　　址：www.hrbcbs.com　　www.mifengniao.com
E-mail：hrbcbs@yeah.net
编辑版权热线：（0451）87900271　87900272
销售热线：（0451）87900202　87900203
邮购热线：4006900345　（0451）87900345　87900256

开　　本：787mm×1092mm　1/16　印张：18　字数：260千字
版　　次：2017年5月第2版
印　　次：2017年5月第1次印刷
书　　号：ISBN 978-7-5484-2958-6
定　　价：68.00元